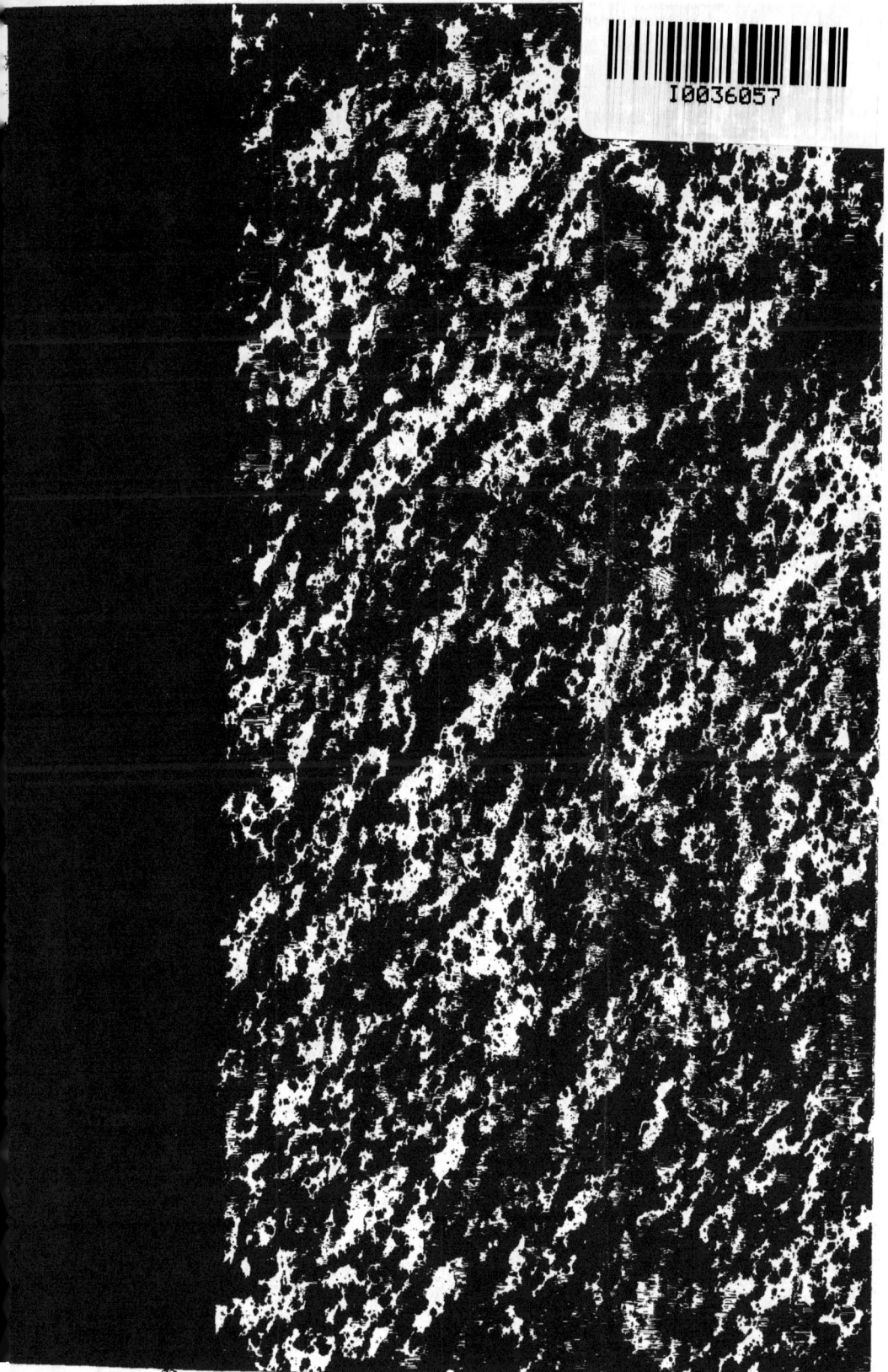

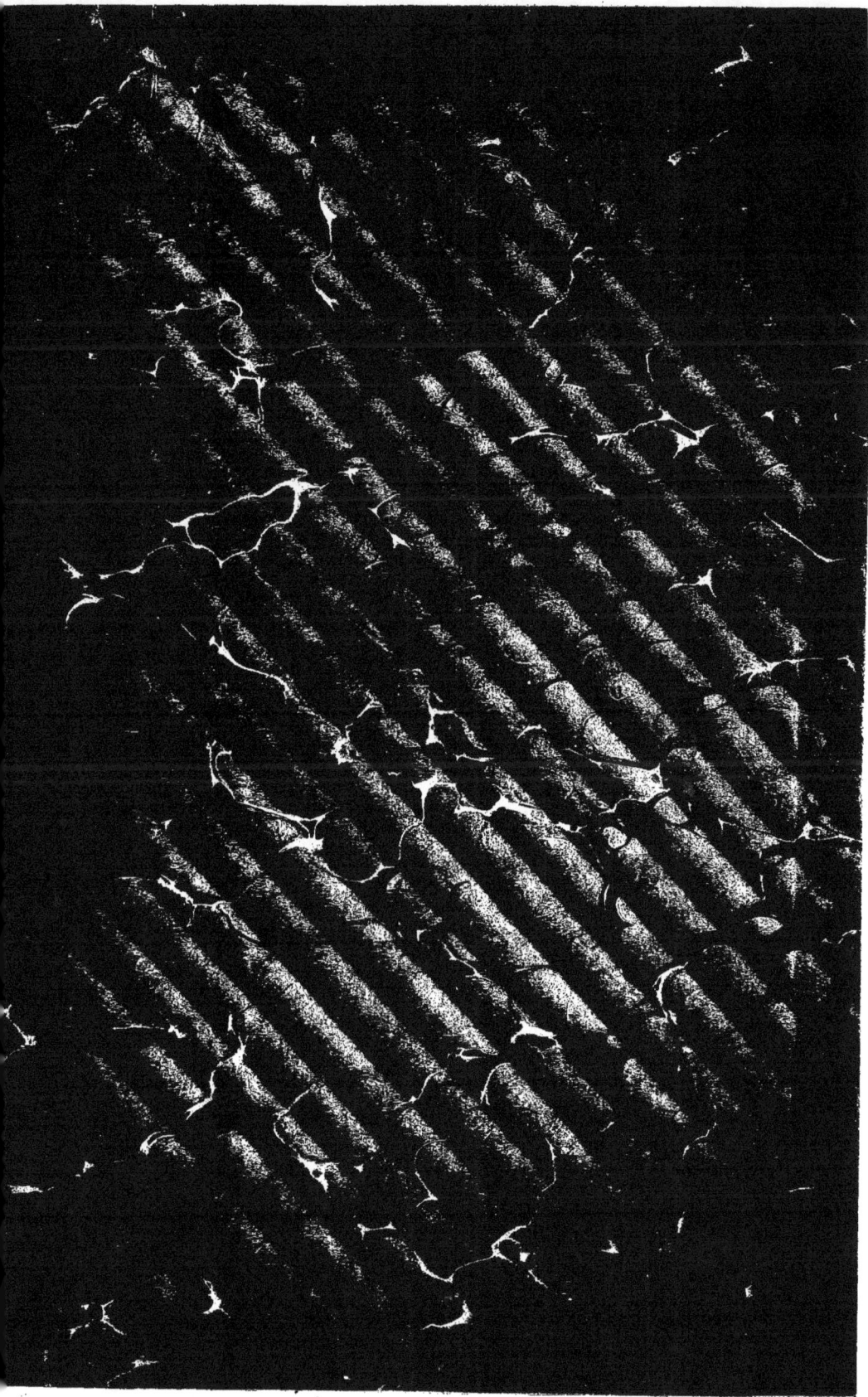

RÉVISION

DU

LIVRE II DU CODE DE COMMERCE

———⁂———

EXAMEN

DES

PROJETS DES SOUS-COMMISSIONS DU GOUVERNEMENT

PAR

LA COMMISSION DE LA CHAMBRE DE COMMERCE DE BORDEAUX

COMPOSÉE DE

MM. H. BASSE, *Président,*
CORTÈS,
BLANCHY,
CHALÈS,
BUHAN,
CHAUMEL.

———⁂———

BORDEAUX

TYPOGRAPHIE DE A. LEFRAISE, IMPRIMEUR DE LA CHAMBRE DE COMMERCE
Rue Sainte-Catherine, 56, Bazar-Bordelais

1867

RÉVISION

DU

LIVRE II DU CODE DE COMMERCE

EXAMEN

DES

PROJETS DES SOUS-COMMISSIONS DU GOUVERNEMENT

PAR

LA COMMISSION DE LA CHAMBRE DE COMMERCE DE BORDEAUX

COMPOSÉE DE

MM. H. BASSE, *Président,*
CORTÈS,
BLANCHY,
CHALÈS,
BUHAN,
CHAUMEL.

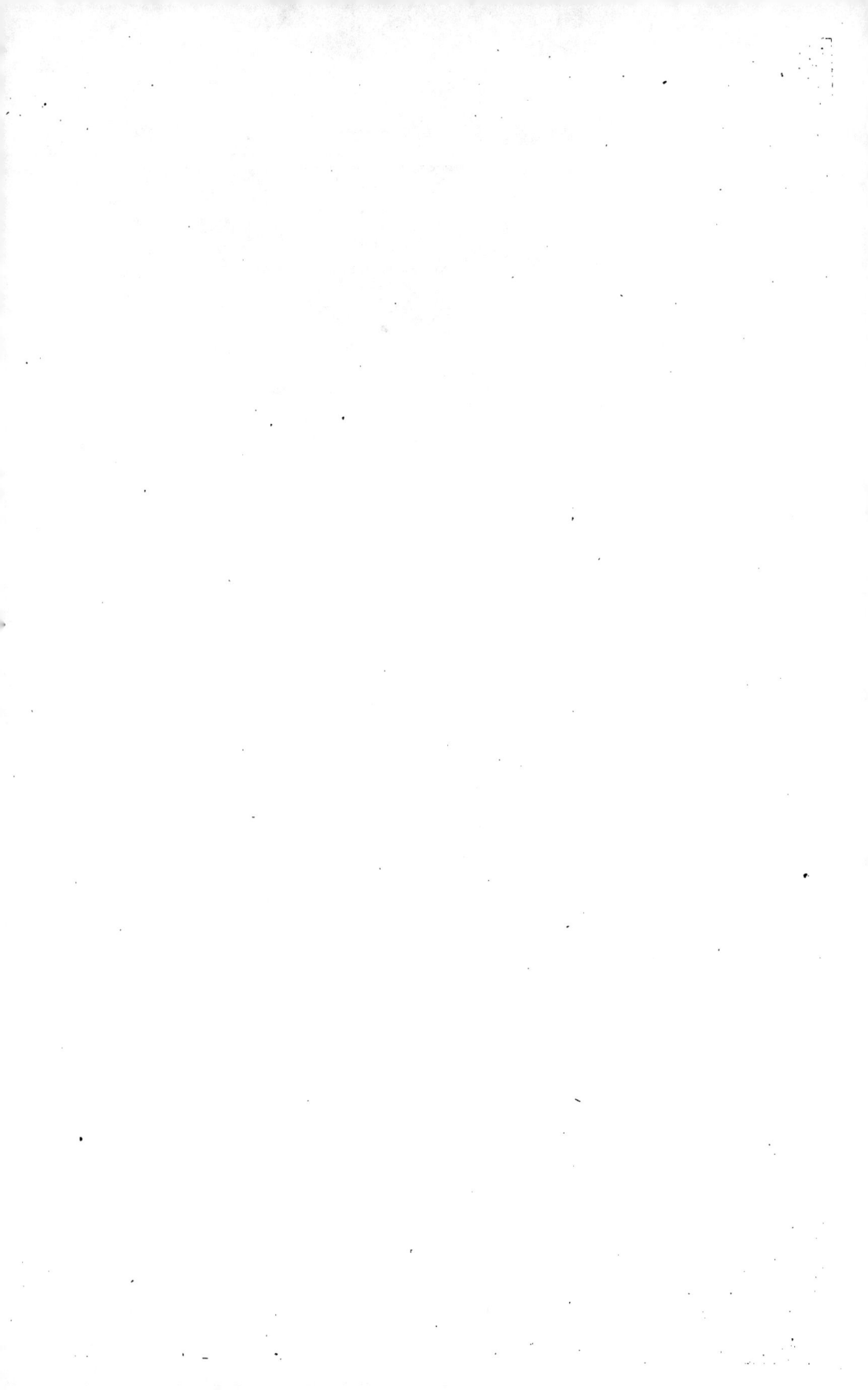

TITRE PREMIER.

DES NAVIRES ET AUTRES BATIMENTS DE MER.

ART. 190.

Les navires et autres bâtiments de mer sont meubles. — Néanmoins ils sont affectés aux dettes du vendeur, et spécialement à celles que la loi déclare privilégiées.

ART. 190.

Les navires et autres bâtiments de mer sont meubles. — Néanmoins ils peuvent être grevés d'hypothèques.

Ils sont affectés spécialement aux créances que la loi déclare privilégiées.

Article du projet adopté.

PROCÈS-VERBAUX

de la

Commission chargée de l'examen du Projet de révision du Livre II du Code de commerce.

—————

SÉANCE DU MERCREDI 7 FÉVRIER 1866

—————

M. Basse propose à la commission de nommer un secrétaire, pris parmi ses membres, chargé de la rédaction des procès-verbaux de ses délibérations; la commission désigne M. Chaumel pour remplir ces fonctions.

M. Chalès donne lecture du premier article du projet de révision, correspondant à l'article 190 du Code de commerce.

M. Cortès propose de réserver cet article jusqu'au moment où la commission arrivera à s'occuper du titre nouveau du projet, intitulé : *De l'Hypothèque maritime.*

M. Blanchy pense que la commission doit examiner immédiatement cet article, et formuler son opinion sur le principe nouveau de l'hypothèque maritime.

M. Blanchy trouve dans l'hypothèque maritime le moyen de réaliser ouvertement et avec sécurité le contrat qui, dans la pratique actuelle, s'opère au moyen d'une vente simulée. Ainsi, le capitaine qui n'a pas les fonds nécessaires à l'armement et à l'expédition de son navire, simule un contrat de vente avec le prêteur qui lui fait les avances, et se fait délivrer une contre-lettre, afin de donner à la convention son véritable caractère. Aux yeux des tiers, le prêteur reste

propriétaire réel du navire et soumis à toutes les charges que la loi et la jurisprudence imposent à l'armateur. Grâce à l'hypothèque, les prêteurs n'auraient plus besoin de devenir propriétaires apparents du navire pour sauvegarder les avances faites au propriétaire réel. Dégagés de ces charges, les prêteurs sur navires deviendraient plus nombreux, et les conditions de l'emprunt moins onéreuses pour celui qui aurait besoin d'y recourir.

M. Basse ne partage pas l'opinion de M. Blanchy; il ne pense pas qu'on puisse hypothéquer un navire qui bat les mers, ni qu'il y ait un intérêt commercial à faciliter les prêts sur navires, par cette raison que ces sortes de prêts grèvent les armements de frais et de commissions considérables, et créent à l'emprunteur des obligations vis-à-vis du prêteur, armateur apparent, qui s'opposent au développement positif de notre commerce maritime, et le placent dans un état d'infériorité à l'égard des marines des autres nations.

M. Buhan reconnaît les avantages qu'offrirait la faculté de pouvoir emprunter hypothécairement sur les navires, mais il craint que les formalités qui y seront attachées en rendront l'usage bien difficile, sinon impossible.

M. Chalès répond que le projet proposé écarte précisément les formalités imposées par la législation actuelle; il reconnaît qu'il serait certainement préférable que les armements fussent faits par des armateurs ayant des capitaux suffisants; cependant, il ne faut pas oublier qu'à côté de ces armateurs il existe des capitaines qui manquent des fonds nécessaires, dont les intérêts sont, par suite, tenus en tutelle par le prêteur; qu'il est intéressant de les dégager autant que possible de cette tutelle, au moyen de la facilité nouvelle de pouvoir emprunter hypothécairement sur leur navire.

M. Basse fait remarquer qu'on a toute facilité de réunir des capitaux suffisants par l'association en commandite ou autres.

MM. Brunet et Chaumel appuient les opinions émises par MM. Blanchy et Chalès sur le principe du prêt hypothécaire sur les navires, sauf à apprécier, au moment venu, les conditions et les formalités qui leur sont imposées.

La discussion étant épuisée, M. le Président met aux voix la question de savoir si la commission adopte le principe de l'hypothèque maritime. La majorité des voix étant pour l'affirmative, M. le Président déclare le principe adopté par la commission, ainsi que l'article 190 qui le consacre sous les réserves exprimées par MM. Brunet et Chaumel.

Art. 191.

Sont privilégiées, et dans l'ordre où elles sont rangées, les dettes ci-après désignées : — 1° les frais de justice et autres, faits pour parvenir à la vente et à la distribution du prix ; — 2° les droits de pilotage, tonnage, cale, amarrage et bassin ou avant-bassin ; — 3° les gages du gardien et frais de garde du bâtiment, depuis son entrée dans le port jusqu'à la vente ; — 4° le loyer des magasins où se trouvent déposés les agrès et apparaux ; — 5° les frais d'entretien du bâtiment et de ses agrès et apparaux, depuis son dernier voyage et son entrée dans le port ; — 6° les gages et loyers du capitaine et autres gens de l'équipage employés au dernier voyage ; — 7° les sommes prêtées au capitaine pour les besoins du bâtiment pendant le dernier voyage, et le remboursement du prix des marchandises par lui vendues pour le même objet ; — 8° les sommes dues aux vendeurs, aux fournisseurs et ouvriers employés à la construction, si le navire n'a point encore fait de voyage, et les sommes dues aux créanciers pour fournitures, travaux, main-d'œuvre, pour radoub, victuailles, armement et équipement, avant le départ du navire, s'il a déjà navigué ; — 9° les sommes prêtées à la grosse sur le corps, quille, agrès, apparaux, pour radoub, victuailles, armement, équipement, avant le départ du navire ; — 10° le montant des primes d'assurances faites sur le corps, quille, agrès, apparaux, et sur armement et équipement du navire, dues pour le dernier voyage ; — 11° Les dommages-intérêts dus aux affréteurs, pour le défaut de délivrance des marchandises qu'ils ont chargées, ou pour remboursement des avaries souffertes par lesdites marchandises par la faute du capitaine ou de l'équipage. — Les créanciers compris dans chacun des numéros du présent article viendront en concurrence, et au marc le franc, en cas d'insuffisance du prix.

Art. 191.

Sont privilégiées, et dans l'ordre où elles sont rangées, les créances ci-après désignées :

1° Les frais de justice et autres frais pour parvenir à la vente et à la distribution du prix ;

2° Les droits de pilotage, tonnage, cale, amarrage et bassin ou avant-bassin ;

3° Les gages des gardiens et frais de garde du bâtiment ;

4° Le loyer des magasins où se trouvent déposés les agrès et apparaux, jusqu'à concurrence de la valeur desdits agrès et apparaux ;

5° Les frais d'entretien des bâtiments et de ses agrès et apparaux depuis son entrée dans le port ;

6° Les gages et loyers du capitaine et autres gens de l'équipage employés depuis l'ouverture du dernier rôle d'armement, quel que soit d'ailleurs le mode de rémunération de leurs services ;

7° Les sommes prêtées au capitaine pour les besoins du bâtiment, pendant le dernier voyage, et le remboursement du prix des marchandises vendues pour le même objet ;

8° Les frais et indemnité de remorquage et de sauvetage dus pour le dernier voyage ;

9° Les sommes dues aux vendeurs, aux fournisseurs et ouvriers employés par le propriétaire à la construction, si le navire n'a point encore fait de voyage, et les sommes dues pour fournitures, travaux, main-d'œuvre, réparations, victuailles, armement et équipement avant le départ du navire, s'il a déjà navigué ;

10° Les sommes prêtées à la grosse sur le corps, quille, agrès, apparaux, pour réparations, victuailles, armement, équipement avant le départ du navire ;

11° Le montant des primes d'assurances faites sur le corps, quille, agrès, apparaux et sur les armement et équipement du navire, dues pour le dernier voyage ;

12° Les dommages-intérêts dus aux affréteurs pour le défaut de délivrance des marchandises qu'ils ont chargées ou pour le remboursement des avaries souffertes par lesdites marchandises, par la faute du capitaine ou de l'équipage.

Les créanciers compris dans chacun des numéros du présent article viendront en concurrence et au marc le franc, en cas d'insuffisance du prix.

Art. 191.

Sont privilégiées, et dans l'ordre où elles sont rangées, les créances ci-après désignées :

1° Les frais de justice et autres fra[is] pour parvenir à la vente et à la distr[i]bution du prix ;

2° Les droits de pilotage, tonnage, cal[e], amarrage et bassin ou avant-bassin ;

3° Les gages des gardiens et frais d[e] garde du bâtiment ;

4° Le loyer des magasins où se trou[vent] déposés les agrès et apparaux, ju[s]qu'à concurrence de la valeur desdi[ts] agrès et apparaux ;

5° Les frais d'entretien des bâtimen[ts] et de ses agrès et apparaux depuis so[n] entrée dans le port ;

6° Les gages et loyers du capitaine [et] autres gens de l'équipage employés de[puis] l'ouverture du dernier rôle d'arme[ment], quel que soit d'ailleurs le mod[e] de rémunération de leurs services ;

7° Les sommes prêtées au capitain[e] pour les besoins du bâtiment, penda[nt] le dernier voyage, et le remboursemen[t] du prix des marchandises vendues pou[r] le même objet ;

8° Les frais et indemnité de remor[-]quage et le sauvetage dus pour le de[r]nier voyage ;

9° Les sommes dues aux vendeurs, au[x] fournisseurs et ouvriers employés pa[r] le propriétaire à la construction, si l[e] navire n'a point encore fait de voyag[e] et les sommes dues pour fournitures, travaux, main-d'œuvre, réparation[s], victuailles, armement et équipemen[t] avant le départ du navire, s'il a déj[à] navigué ; si le navire est ostensiblemen[t] construit à forfait pour compte d'u[n] armateur, les ouvriers et fournisseur[s] n'ont qu'une action personnelle contr[e] le constructeur ;

10° Les sommes prêtées à la gross[e] sur le corps, quille, agrès, apparau[x] pour réparations, victuailles, armemen[t] équipement avant le départ du navire ;

11° Le montant des primes d'assu[-]rances faites sur le corps, quille, agrè[s] apparaux et sur les armement et équi[-]pement du navire, dues pour le derni[er] voyage ;

12° Les dommages-intérêts dus au[x] affréteurs pour le défaut de délivran[ce] des marchandises qu'ils ont chargées o[u] pour le remboursement des avaries souf[-]fertes par lesdites marchandises, par l[a] faute du capitaine ou de l'équipage.

M. Chalès donne lecture de l'article 191, relatif aux priviléges dont les navires sont frappés, et à l'ordre dans lequel ces priviléges peuvent être exercés.

La commission adopte sans discussion les paragraphes 1 à 8.

SÉANCE DU MERCREDI 21 FÉVRIER 1866

La commission met à l'ordre du jour la discussion du paragraphe 9 de l'article 191 du projet.

M. Blanchy, d'accord avec tous les membres de la commission, pense que les termes employés dans le projet au sujet du privilége des *fournisseurs et ouvriers employés par le propriétaire à la construction* ne sont pas assez formels. Les auteurs du projet paraissent bien avoir eu l'intention de consacrer dans la loi nouvelle la jurisprudence qui distingue entre les ouvriers et les fournisseurs pour compte du constructeur, et ceux pour compte de l'armateur. Cette distinction ne paraît pas suffisamment établie par l'addition des mots : *propriétaires à la construction*, employés dans le projet. Les ouvriers et fournisseurs peuvent être trompés sur la question de savoir quel est le véritable propriétaire du navire en construction.

Pour éviter cette confusion possible, M. Blanchy propose d'ajouter, après le paragraphe 9, la disposition suivante :

Si le navire est ostensiblement construit à forfait pour compte d'un armateur, les ouvriers et fournisseurs n'ont qu'une action personnelle contre le constructeur.

Cette rédaction rappelle presque textuellement les termes d'une déclaration royale du 16 mai 1747, rapportée par Delamarre et Poitevin (*Traité du contrat de commission*, t. V, p. 476), ainsi que cela est exprimé, en 1865, dans l'avis du Tribunal de commerce de Bordeaux, sur diverses questions relatives au droit maritime, page 9.

Le paragraphe 9, avec l'adjonction proposée par M. Blanchy, est mis aux voix par M. le Président et adopté à l'unanimité.

La commission passe à la discussion du paragraphe 10 de l'article 191 du projet.

TEXTE ACTUEL DU CODE.	MODIFICATIONS PROPOSÉES PAR LE PROJET.	PROPOSITIONS DE LA COMMISSION DE LA CHAMBRE DE COMMERCE.
	Les créanciers hypothécaires sur le navire viendront dans leur ordre d'inscription après les créances privilégiées. Toutefois, si une créance hypothécaire a pour cause un emprunt fait pour la construction du navire ou pour réparations, victuailles, armement ou équipement du navire, antérieurement à son dernier voyage, elle viendra avant les créances privilégiées mentionnées sous les n°s 11 et 12 ci-dessus, concurremment avec le prêt à la grosse mentionné sous le n° 10.	Les créanciers compris dans chacun des numéros du présent article viendront en concurrence et au marc le franc, en cas d'insuffisance du prix. Les créanciers hypothécaires sur le navire viendront dans leur ordre d'inscription après les créances privilégiées

D'après les notes annexées au projet, ce paragraphe n'est maintenu que provisoirement, étant subordonné au maintien de l'emprunt à la grosse fait avant le départ du navire.

M. Buhan émet l'avis conforme à la note, que, dans le cas où le principe de l'hypothèque serait définitivement adopté, l'emprunt à la grosse avant le départ du navire deviendrait inutile. Ce mode d'emprunt, dans ces circonstances, est d'ailleurs déjà complètement inusité.

M. Blanchy pense, au contraire, que l'hypothèque et le prêt à la grosse avant le départ du navire peuvent exister simultanément et qu'on ne saurait donner trop de facilités à l'armateur pour se procurer les fonds qui lui sont utiles par les moyens qui lui paraîtront les plus convenables.

SÉANCE DU LUNDI 12 MARS 1866

M. le Président ouvre la discussion sur le paragraphe 9 de l'article 191.

M. Blanchy pense que les priviléges devraient être restreints au montant des fournitures faites successivement durant le cours de l'armement, qu'il est impossible, par cela même, de faire inscrire sur le registre de douane et de consolider par l'hypothèque.

M. Cortès est d'avis que les fournisseurs doivent conserver le privilége que la loi actuelle leur confère, sans être astreints à remplir des formalités d'inscription en douane, dont l'inobservation pourrait, en certain cas, compromettre le privilége.

M. Blanchy observe que l'inscription des fournitures sur le registre ne détruirait ni le privilége, ni l'ordre dans lequel il pourrait être exercé. Dans l'opinion de M. Blanchy, le fournisseur devrait être astreint à faire régler sa créance et à la faire inscrire en douane dans un délai déterminé, sous peine de déchéance, de telle sorte qu'il ne pût y avoir de privilége occulte, et que les tiers eussent le moyen de pouvoir s'assurer si le navire est ou non grevé par des priviléges.

3

M. Chalès appuie par de nouvelles considérations l'opinion émise par M. Blanchy.

MM. Buhan et Chaumel pensent que l'obligation étroite, proposée par MM. Blanchy et Chaumel, de faire inscrire les comptes de fournitures, sous peine de perdre le privilége dont ils jouissent, imposerait aux fournisseurs la nécessité de remplir des formalités délicates à l'encontre des armateurs et créerait de nouvelles complications alors qu'on cherche à les écarter ou à les simplifier le plus possible.

M. Basse propose de ne pas étendre les formalités attachées à la conservation du privilége dont jouissent les fournisseurs.

La discussion sur ce paragraphe étant épuisée, le paragraphe est mis aux voix et adopté.

Il est donné lecture du paragraphe 10.

M. Chaumel pense que la faculté d'emprunter à la grosse devrait être restreinte aux sommes destinées à payer les réparations d'avaries survenues en cours de voyage, sans pouvoir être étendue aux sommes qu'exigent la construction et les dépenses de l'armement d'un navire.

M. Cortès fait remarquer que la loi actuelle indique qu'au cas où un des intéressés refuserait de contribuer aux frais nécessaires pour expédier le navire, le capitaine pourra, avec l'autorisation du juge, emprunter à la grosse pour son compte sur sa portion d'intérêt dans le navire.

Aucune autre observation n'étant faite, le paragraphe 10 est mis aux voix et adopté.

Le paragraphe 11 est lu et adopté sans discussion.

Il est donné lecture du paragraphe 12.

La commission adopte sans discussion les dispositions de ce paragraphe, jusques et y compris la première phrase du troisième alinéa.

MM. Blanchy et Chalès proposent de supprimer le surplus de cet alinéa, à partir de : *Toutefois, si une créance, etc.*, par la raison que si les hypothèques concernant le voyage précédent n'ont pas été inscrites, ce ne peut être que du consentement ou par suite de la négligence des créanciers qui y avaient droit; qui ne sauraient, par suite, être admis, après le voyage, à exercer leurs droits de préférence à ceux des fournisseurs ou prêteurs qui ont contribué les derniers à la conservation du navire. Cette opinion est partagée par la commission; le paragraphe est mis aux voix et adopté avec la suppression indiquée.

Art. 192.

Le privilége accordé aux dettes énoncées dans le précédent article ne peut être exercé qu'autant qu'elles seront justifiées dans les formes suivantes : — 1° les frais de justice seront constatés par les états de frais arrêtés par les tribunaux compétents ; — 2° les droits de tonnage et autres, par les quittances légales des receveurs ; — 3° les dettes désignées par les nos 1, 3, 4 et 5 de l'article 191 seront constatées par des états arrêtés par le président du tribunal de commerce ; — 4° les gages et loyers de l'équipage, par les rôles d'armement et désarmement arrêtés dans les bureaux de l'Inscription maritime ; — 5° les sommes prêtées et la valeur des marchandises vendues pour les besoins du navire pendant le dernier voyage, par des états arrêtés par le capitaine, appuyés de procès-verbaux signés par le capitaine et les principaux de l'équipage, constatant la nécessité des emprunts ; — 6° la vente du navire par un acte ayant date certaine, et les fournitures pour l'armement, équipement et victuailles du navire seront constatées par les mémoires, factures ou états visés par le capitaine et arrêtés par l'armateur, dont un double sera déposé au greffe du tribunal de commerce avant le départ du navire ou, au plus tard, dans les dix jours après son départ ; — 7° les sommes prêtées à la grosse sur le corps, quille, agrès, apparaux, armement et équipement, avant le départ du navire, seront constatées par des contrats passés devant notaires, ou sous signatures privées, dont les expéditions ou doubles seront déposés au greffe du tribunal de commerce dans les dix jours de leur date ; — 8° les primes d'assurances seront constatées par les polices ou par les extraits des livres des courtiers d'assurances ; — 9° les dommages-intérêts dus aux affréteurs seront constatés par les jugements, ou par les décisions arbitrales qui seront intervenues.

Art. 192.

Le privilége accordé aux créances énoncées dans le précédent article ne peut être exercé qu'autant qu'elles sont justifiées dans les formes suivantes :

1° Les frais de justice seront constatés par les états de frais arrêtés par les tribunaux compétents ;

2° Les droits de douane et autres par les quittances légales du receveur ;

3° Les dettes désignées par les nos 3, 4, 5 et 8 de l'article 191 seront constatées par les états arrêtés par le président du tribunal de commerce ;

4° Les gages et loyers de l'équipage par les rôles d'armement et de désarmement arrêtés dans les bureaux de l'Inscription maritime ;

5° Les sommes prêtées et la valeur des marchandises vendues pour les besoins du navire pendant le dernier voyage, par des états arrêtés par le capitaine, appuyés de procès-verbaux signés par le capitaine et les principaux de l'équipage constatant la nécessité de l'emprunt ;

6° La vente du navire par un acte ayant date certaine, au moyen de la mention qui en est faite sur l'acte de francisation ainsi qu'il est dit en l'article 193 ci-après, et les fournitures pour l'armement, équipement et victuailles du navire seront constatées par les mémoires, factures ou états visés par le capitaine et arrêtés par l'armateur, dont un double sera déposé au greffe du tribunal de commerce avant le départ du navire ou, au plus tard, dans les dix jours après son départ ;

7° Les sommes prêtées à la grosse.....

8° Les primes d'assurances seront constatées par les polices ou par les extraits des livres des courtiers d'assurances ;

9° Les dommages-intérêts dus aux affréteurs seront constatés par les jugements ou par les décisions arbitrales qui seront intervenues.

Les hypothèques seront établies et conservées dans les formes réglées au titre... du présent livre.

Article du projet adopté.

L'article 192 est lu et adopté.

Art. 193.

Les priviléges des créanciers seront éteints, — indépendamment des moyens généraux d'extinction des obligations, — par la vente en justice faite dans les formes établies par le titre suivant ; — ou lorsque après une vente volontaire, le navire aura fait un voyage en mer sous le nom et aux risques de l'acquéreur, et sans opposition de la part des créanciers du vendeur.

Art. 193.

Les priviléges sont éteints, indépendamment des moyens généraux d'extinction des obligations,

Par la vente en justice faite dans les formes établies au titre suivant,

Ou bien :

Ou lorsque après une vente volontaire constatée ainsi qu'il est dit à l'article précédent et publiée dans le journal désigné pour les annonces légales, le navire sera parti pour un voyage en mer, sous le nom et aux risques de l'acquéreur, sans opposition de la part des créanciers du vendeur, notifiée dans le mois du jour du départ, tant au vendeur qu'à l'acquéreur.

Ou par la vente volontaire constatée ainsi qu'il est dit en l'article précédent et publiée dans le journal désigné pour les publications judiciaires, sans opposition de la part des créanciers du vendeur, notifiée, dans le mois de la publication, tant au vendeur qu'à l'acquéreur.

Art. 193.

Les priviléges sont éteints, indépendamment des moyens généraux d'extinction des obligations,

Par la vente en justice faite dans les formes établies au titre suivant, ou lorsque après une vente volontaire constatée ainsi qu'il est dit à l'article précédent, publiée dans le journal désigné pour les annonces légales, le navire sera parti pour un voyage en mer, sous le nom et aux risques de l'acquéreur, sans opposition de la part des créanciers du vendeur, notifiée dans le mois du jour du départ, tant au vendeur qu'à l'acquéreur.

Art. 194.

Un navire est censé avoir fait un voyage en mer, — lorsque son départ et son arrivée auront été constatés dans deux ports différents et trente jours après le départ ; — lorsque, sans être arrivé dans un autre port, il s'est écoulé plus de soixante jours entre le départ et le retour dans le même port, ou lorsque le navire, parti pour un voyage de long-cours, a été plus de soixante jours en voyage, sans réclamation de la part des créanciers du vendeur.

Art. 194.

Supprimé.

Art. 194.

Suppression adoptée.

Art. 195.

La vente volontaire d'un navire doit être faite par écrit, et peut avoir lieu par acte public, ou par acte sous signatures privées. — Elle peut être faite pour le navire entier, ou pour une portion du navire, — le navire étant dans le port ou en voyage.

Art. 195.

La vente d'un navire peut être établie par tous les moyens de preuves énoncés en l'article 109.

Elle peut être faite pour un navire entier ou pour une portion du navire, le navire étant dans le port ou en voyage.

La vente d'un navire, totale ou partielle, n'est opposable aux tiers qu'autant qu'elle est mentionnée sur l'acte de francisation.

Art. 195.

La vente volontaire d'un navire doit être faite par écrit, et peut avoir lieu par acte public, ou par acte sous signatures privées. — Elle peut être faite pour le navire entier, ou pour une portion du navire, — le navire étant dans le port ou en voyage.

La vente d'un navire, totale ou partielle, n'est opposable aux tiers qu'autant qu'elle est mentionnée sur l'acte de francisation.

Il est donné ensuite lecture de l'article 193.

Le projet de révision présente cet article sous deux rédactions différentes.

La commission donne la préférence à la première rédaction parce qu'elle ajoute à la garantie du voyage en mer, selon l'article du Code actuel, celle de la publication de la vente du navire.

Le projet propose la suppression de l'article 194; cette suppression est adoptée.

Il est donné lecture de l'article 195.

M. CHAUMEL fait remarquer que cet article admet à justifier ou à établir la vente des navires par la preuve testimoniale, et combien cette sorte de preuve est dangereuse. M. Chaumel pense que la preuve testimoniale, en matière d'achat ou de vente, ne devrait être admise que pour les transactions opérées en foires ou marchés, sur les marchandises qui y sont étalées.

Après avoir comparé les textes de l'article du Code et de celui du projet, la commission repousse l'article du projet et maintient l'article du Code, complété par la disposition finale de l'article du projet, portant :

La vente d'un navire, totale ou partielle, n'est opposable aux tiers qu'autant qu'elle est mentionnée sur l'acte de francisation.

Art. 196.

La vente volontaire d'un navire en voyage ne préjudicie pas aux créanciers du vendeur. — En conséquence, nonobstant la vente, le navire ou son prix continue d'être le gage desdits créanciers, qui peuvent même, s'ils le jugent convenable, attaquer la vente pour cause de fraude.

Art. 196.

Supprimé.

Suppression adoptée.

TITRE II.

DE LA SAISIE ET VENTE DES NAVIRES.

TITRE II.

DES VENTES DE NAVIRES PAR AUTORITÉ DE JUSTICE.

Art. 197.

Tous bâtiments de mer peuvent être saisis et vendus par autorité de justice; et le privilége des créanciers sera purgé par les formalités suivantes.

Art. 197.

Tous bâtiments de mer peuvent être saisis et vendus par autorité de justice.

Adopté.

Art. 198.

Il ne pourra être procédé à la saisie que vingt-quatre heures après le commandement de payer.

Art. 198.

Toute saisie sera précédée d'un commandement de payer fait à la personne ou au domicile du propriétaire débiteur, un jour au moins avant la saisie.

Adopté.

Art. 199.

Le commandement devra être fait à la personne du propriétaire ou à son domicile, s'il s'agit d'une action générale à exercer contre lui. — Le commandement pourra être fait au capitaine du navire, si la créance est du nombre de celles qui sont susceptibles de privilége sur le navire, aux termes de l'article 191.

Art. 199.

Le commandement de payer peut être fait au capitaine du navire, s'il s'agit d'une créance à laquelle soit attaché un privilége sur le navire, aux termes de l'article 191.

Adopté.

Art. 200.

L'huissier énonce dans le procès-verbal : — les nom, profession et demeure du créancier pour qui il agit; — le titre en vertu duquel il procède; — la somme dont il poursuit le paiement; — l'élection de domicile faite par le créancier dans le lieu où siége le tribunal devant lequel la vente doit être poursuivie, et dans le lieu où le navire saisi est amarré; — les noms du propriétaire

Art. 200.

L'huissier énonce dans le procès-verbal :
Les nom, profession et demeure du créancier pour qui il agit;
Le titre en vertu duquel il procède;
La somme dont il poursuit le paiement;
L'élection de domicile faite par le créancier dans le lieu où siége le *tribunal de commerce*, devant lequel la vente

Adopté.

La suppression de l'article 196 proposée est adoptée.

Les articles 197, 198, 199, 200 et 201 sont lus et adoptés.

TEXTE ACTUEL DU CODE.   MODIFICATIONS PROPOSÉES PAR LE PROJET.   PROPOSITIONS DE LA COMMISSION DE LA CHAMBRE DE COMMERCE.

et du capitaine; — le nom, l'espèce et le tonnage du bâtiment. — Il fait l'énonciation et la description des chaloupes, canots, agrès, ustensiles, armes, munitions et provisions. — Il établit un gardien.

doit être poursuivie et dans le lieu où le navire saisi est amarré;

Les noms du propriétaire et du capitaine;

Le nom, l'espèce et le tonnage du bâtiment;

L'huissier fait aussi l'énonciation des chaloupes, canots, agrès, ustensiles, armes, munitions et provisions;

Il établit un gardien.

Art. 201.

Si le propriétaire du navire saisi demeure dans l'arrondissement du tribunal, le saisissant doit lui faire notifier, dans le délai de trois jours, copie du procès-verbal de saisie, et le faire citer devant le tribunal pour voir procéder à la vente des choses saisies. — Si le propriétaire n'est point domicilié dans l'arrondissement du tribunal, les significations et citations lui sont données à la personne du capitaine du bâtiment saisi, ou, en son absence, à celui qui représente le propriétaire ou le capitaine; et le délai de trois jours est augmenté d'un jour à raison de deux myriamètres et demi de la distance de son domicile. — S'il est étranger et hors de France, les citations et significations sont données ainsi qu'il est prescrit par le Code de procédure civile, article 69.

Art. 201.

Si le propriétaire du navire saisi demeure dans l'arrondissement du tribunal *de commerce*, le saisissant doit lui faire notifier, dans le délai de trois jours, copie du procès-verbal de saisie, et le faire citer devant le tribunal *de commerce* pour voir procéder à la vente des choses saisies.

Si le propriétaire n'est point domicilié dans l'arrondissement du tribunal, les significations et citations lui sont données *en* la personne du capitaine du bâtiment saisi, ou, en son absence, *en la personne de celui* qui représente le propriétaire ou le capitaine; et le délai de trois jours est augmenté d'un jour à raison de *cinq* myriamètres de la distance de son domicile.

S'il est étranger et hors de France, les citations et significations sont données ainsi qu'il est prescrit par le Code de procédure civile, article 69.

Adopté.

Art. 202.

Si la saisie a pour objet un bâtiment dont le tonnage soit au-dessus de dix tonneaux, — il sera fait trois criées et publications des objets en vente. — Les criées et publications seront faites consécutivement, de huitaine en huitaine, à la Bourse et dans la principale place publique du lieu où le bâtiment est amarré. — L'avis en sera inséré dans un des papiers publics imprimés dans le lieu où siége le tribunal devant lequel la saisie se poursuit; et, s'il n'y en a pas, dans l'un de ceux qui seraient imprimés dans le département.

Art. 202.

Si la saisie a pour objet un bâtiment dont le tonnage soit au-dessus de vingt-cinq tonneaux,

Il sera fait, quinze jours au moins et vingt jours au plus avant l'adjudication, une criée et publication des objets en vente, à la Bourse et dans la principale place publique du lieu où le bâtiment est amarré.

L'avis en sera inséré dans un des journaux désignés par l'insertion des annonces légales, dans le lieu où siége le tribunal de commerce devant lequel la saisie se poursuit; et, s'il n'y en a pas, dans un des journaux du département.

Adopté sous réserve de la suppression du mot *criée*.

L'article 202 est lu.

M. BLANCHY fait remarquer que bien que la loi actuelle oblige à faire la criée, en fait, elle n'a jamais lieu, parce qu'elle est sans conséquence utile sur les résultats de la vente; M. Blanchy propose de faire disparaître cette obligation de notre loi, son inobservation pouvant, en certain cas, donner prétexte à des difficultés sérieuses.

La commission reconnaît avec M. Blanchy l'inutilité de l'obligation de faire une criée avant l'adjudication; elle adopte l'article du projet, dont est supprimé le mot *criée*.

Art. 203.

Dans les deux jours qui suivent chaque criée et publication, il est apposé des affiches : — au grand-mât du bâtiment saisi ; — à la porte principale du tribunal devant lequel on procède ; — dans la place publique et sur le quai du port où le bâtiment est amarré, ainsi qu'à la Bourse de commerce.

Art. 203

Dans les deux jours qui suivent la criée et publication, il est apposé des affiches :
Au grand-mât du bâtiment saisi ;
A la porte principale du tribunal de commerce devant lequel on procède ;
Dans la place publique et sur le quai du port où le bâtiment est amarré, ainsi qu'à la Bourse de commerce.

Adopté sous réserve de la suppression du mot *criée*.

Art. 204.

Les criées, publications et affiches doivent désigner : — les nom, profession et demeure du poursuivant ; — les titres en vertu desquels il agit ; — le montant de la somme qui lui est due ; — l'élection de domicile par lui faite dans le lieu où siége le tribunal, et dans le lieu où le bâtiment est amarré ; — les nom et domicile du propriétaire du navire saisi ; — le nom du bâtiment, et, s'il est armé ou en armement, celui du capitaine ; — le tonnage du navire ; — le lieu où il est gisant ou flottant ; — le nom de l'avoué du poursuivant ; — la première mise à prix ; — les jours des audiences auxquelles les enchères seront reçues.

Art. 204.

La criée et publication et les affiches doivent désigner :
Les nom, profession et demeure du poursuivant ;
Les titres en vertu desquels il agit ;
Le montant de la somme qui lui est due ;
L'élection de domicile par lui faite dans le lieu où siége le tribunal de commerce et dans le lieu où le bâtiment est amarré ;
Les nom, profession et domicile du propriétaire du navire saisi ;
Le nom du bâtiment et, s'il est armé ou en armement, celui du capitaine ;
Le tonnage du navire ;
Le lieu où il est gisant ou flottant ;
La mise à prix ;
Le jour de l'audience où les enchères seront reçues et où l'adjudication aura lieu.

Adopté sous la même réserve.

Art. 205.

Après la première criée, les enchères seront reçues le jour indiqué par l'affiche. — Le juge commis d'office pour la vente continue de recevoir les enchères après chaque criée, de huitaine en huitaine, à jour certain fixé par son ordonnance.

Art. 205.

Au jour fixé pour l'adjudication, les enchères seront reçues par le juge commis d'office.

Adopté.

Art. 206.

Après la troisième criée, l'adjudication est faite au plus offrant et dernier enchérisseur, à l'extinction des feux, sans autre formalité. — Le juge commis d'office peut accorder une ou deux remises, de huitaine chacune. — Elles sont publiées et affichées.

Art. 206.

L'adjudication est faite au plus offrant et dernier enchérisseur, à l'extinction des feux, sans autre formalité.
Le juge commis d'office peut accorder une remise de quinzaine au plus.
La remise est publiée et affichée dans la forme prescrite par les articles 202 et 203.

Adopté.

Les articles 203 et 204 sont lus et adoptés, sous réserve d'en supprimer le mot *criée,* comme à l'article précédent.

Les articles 205, 206, 207 sont lus et adoptés, et l'article 208 du Code maintenu, ainsi qu'il l'est par le projet.

ART. 207.

Si la saisie porte sur des barques, chaloupes et autres bâtiments du port de dix tonneaux et au-dessous, l'adjudication sera faite à l'audience, après la publication sur le quai pendant trois jours consécutifs, avec affiche au mât, ou, à défaut, en autre lieu apparent du bâtiment, et à la porte du tribunal. — Il sera observé un délai de huit jours francs entre la signification de la saisie et la vente.

ART. 207.

Si la saisie porte sur des barques, chaloupes et autres bâtiments du port de vingt-cinq tonneaux et au-dessus, l'adjudication sera faite à l'audience par le juge commis après la publication sur le quai pendant trois jours consécutifs, avec affiche au mât, ou, à défaut, en un autre lieu apparent du bâtiment et à la porte du tribunal de commerce.

L'adjudication n'aura lieu qu'après un délai de huit jours francs à compter de la signification de la saisie.

Le juge commis peut accorder une remise de huitaine; elle doit être publiée et affichée.

Adopté.

ART. 208.

L'adjudication du navire fait cesser les fonctions du capitaine; sauf à lui à se pourvoir en dédommagement contre qui de droit.

ART. 208.

Rédaction maintenue.

Rédaction du Code maintenue.

ART. 209.

Les adjudicataires des navires de tout tonnage seront tenus de payer le prix de leur adjudication dans le délai de vingt-quatre heures, ou de le consigner, sans frais, au greffe du tribunal de commerce, à peine d'y être contraints par corps. — A défaut de paiement ou de consignation, le bâtiment sera remis en vente, et adjugé trois jours après une nouvelle publication et affiche unique, à la folle enchère des adjudicataires, qui seront également contraints par corps pour le paiement du déficit, des dommages, des intérêts et des frais.

ART. 209.

Les adjudicataires de navires de tout tonnage seront tenus de payer le prix de l'adjudication dans le délai de vingt-quatre heures ou de le consigner sans frais au greffe du tribunal de commerce.

A défaut de paiement ou de consignation, le bâtiment sera remis en vente et adjugé trois jours après une nouvelle publication et affiche unique, à la folle enchère des adjudicataires, qui seront tenus du déficit, des dommages-intérêts et des frais.

ART. 209.

Les adjudicataires de navires de t tonnage seront tenus de payer le p de l'adjudication dans le délai de vin quatre heures ou de le consigner à Caisse des dépôts et consignations, d'en remettre le récépissé au greffe tribunal de commerce, pour, le monta être réparti aux ayants-droit par mandat délivré par le juge répartite

A défaut de paiement ou de consig tion, le bâtiment sera remis en vent adjugé trois jours après une nouv publication et affiche unique, à la fe enchère des adjudicataires, qui ser tenus du déficit, des dommages-intér et des frais.

L'article 209 est lu.

Cet article est la reproduction de l'article du Code, dont on a retranché la disposition finale du premier alinéa, ainsi conçu : *à peine d'y être contraint par corps.*

M. BLANCHY fait remarquer que l'article 209 oblige au paiement du prix ou à sa consignation au greffe du Tribunal dans les vingt-quatre heures de l'adjudication, et que l'ordonnance de 1816 oblige le greffier d'en faire immédiatement le dépôt à la Caisse des dépôts et consignations.

M. Blanchy propose, pour éviter ce circuit inutile, de dire que l'adjudicataire sera tenu de payer le prix de l'adjudication dans les vingt-quatre heures, ou de le consigner à la Caisse des dépôts et consignations, et d'en remettre le récépissé au greffe, pour, le montant, être réparti aux ayants-droit sur un simple mandat délivré par le juge répartiteur. Cette proposition réunit l'unanimité des adhésions, et l'article, ainsi modifié, est mis aux voix et adopté.

Art. 210.

Les demandes en distraction seront formées et notifiées au greffe du tribunal avant l'adjudication. Si les demandes en distraction ne sont formées qu'après l'adjudication, elles seront converties, de plein droit, en opposition à la délivrance des sommes provenant de la vente.

Art. 210.

Les demandes en distraction seront formées et notifiées au greffe du tribunal de commerce.

Si les demandes en distraction ne sont formées qu'après l'adjudication, elles seront converties, de plein droit, en oppositions à la délivrance des sommes provenant de la vente.

Adopté.

Art. 211.

Le demandeur ou l'opposant aura trois jours pour fournir ses moyens. — Le défendeur aura trois jours pour contredire. — La cause sera portée à l'audience sur une simple citation.

Art. 211.

Le demandeur en distraction, soit qu'il ait formé sa demande avant ou après l'adjudication, aura trois jours pour fournir ses moyens.

Les défendeurs auront trois jours pour contredire.

La cause sera portée à l'audience sur une simple citation et jugée sur le rapport du juge commis.

Adopté.

Art. 212.

Pendant trois jours après celui de l'adjudication, les oppositions à la délivrance du prix seront reçues; passé ce temps, elles ne seront plus admises.

Art. 212.

Pendant trois jours après celui de l'adjudication, les oppositions à la délivrance du prix seront reçues; passé ce temps, elles ne seront plus admises.

Les demandes en distraction pourront être formées jusqu'à la distribution du prix.

Adopté.

Art. 213.

Les créanciers opposants sont tenus de produire au greffe leurs titres de créance, dans les trois jours qui suivent la sommation qui leur en est faite par le créancier poursuivant ou par le tiers saisi; faute de quoi il sera procédé à la distribution du prix de la vente, sans qu'ils y soient compris.

Art. 213.

Les créanciers opposants sont tenus de produire au greffe leurs titres de créance, dans les trois jours qui suivent la sommation qui leur en est faite par le créancier poursuivant ou par le saisi; faute de quoi il sera procédé à la distribution du prix de la vente, sans qu'ils y soient compris.

Adopté.

Art. 214.

La collocation des créanciers et la distribution de deniers sont faites entre les créanciers privilégiés, dans l'ordre prescrit par l'article 191, et entre les autres créanciers, au marc le franc de leurs créances. — Tout créancier colloqué l'est tant pour son principal que pour les intérêts et frais.

Art. 214.

La collocation des créanciers et la distribution des deniers sont faites *par le juge commis* entre les créanciers privilégiés, dans l'ordre prescrit par l'article 191, et entre les autres créanciers, au marc le franc de leurs créances.

Tout créancier colloqué l'est tant pour son principal que pour les intérêts et frais.

S'il s'élève des contestations, elles sont renvoyées à l'audience et jugées sur le rapport du juge commis.

Adopté.

Les articles 210, 211, 212, 213 et 214 sont lus et adoptés.

— 26 —

TEXTE ACTUEL DU CODE.

MODIFICATIONS PROPOSÉES PAR LE PROJET.

PROPOSITIONS DE LA COMMISSION DE LA CHAMBRE
DE COMMERCE.

ARTICLES SUPPLÉMENTAIRES.

Surenchère.

Art.

Toute personne pourra, dans les trois jours qui suivront l'adjudication, faire une surenchère, pourvu qu'elle soit du sixième au moins du principal de la vente.

Adopté.

Art.

La surenchère sera faite au greffe du tribunal de commerce devant lequel la vente aura été poursuivie; elle devra être accompagnée* du dépôt de la somme représentant le sixième du prix de la vente; elle sera dénoncée dans les trois jours à l'adjudicataire et au poursuivant. La dénonciation sera faite par un exploit contenant sommation d'être présent à l'ouverture des enchères, devant le juge commis, au jour qui sera indiqué, et, au plus tard, dans la huitaine.

Si le surenchérisseur ne dénonce pas la surenchère dans le délai ci-dessus fixé, le poursuivant, l'adjudicataire ou tout créancier pourra le faire dans les trois jours qui suivront l'expiration de ce délai, faute de quoi la surenchère sera nulle de droit et sans qu'il soit besoin de faire prononcer la nullité.

Adopté, en substituant aux mots *dépôt :*

* d'un certificat du dépôt à la Ca. des consignations de

Art.

Au jour indiqué, il sera ouvert, devant le juge commis, de nouvelles enchères auxquelles toute personne pourra concourir. S'il ne se présente pas d'enchérisseurs, le surenchérisseur sera déclaré adjudicataire et soumis aux dispositions de l'article 209.

Lorsqu'une seconde adjudication aura eu lieu, après la surenchère ci-dessus, aucune autre surenchère du même navire ne pourra être reçue.

Adopté.

Extension à toutes les ventes judiciaires de navires.

Art.

Toutes les fois qu'il y aura lieu à la vente en justice de navires, notamment au cas de minorité, de faillite, de licitation ou de partage, il sera procédé dans les formes prescrites par les articles précédents.

En cas de licitation, les charges grevant chaque portion du navire passent de plein droit sur la part du prix qui en représente la valeur.

Adopté.

A la suite des articles ci-dessus, le projet de révision présente, sous le titre de *Surenchère,* trois articles sans numéros.

Après la lecture de ces articles, M. Chaumel expose l'inconvénient qu'il entrevoit dans l'application exceptionnelle des dispositions du droit civil, en matière de vente d'immeuble, à la vente commerciale des navires, déclarés meubles par la loi. M. Chaumel craint que les acheteurs sérieux s'éloignent des ventes poursuivies en justice, dans la crainte de se voir dépouiller par une surenchère du navire dont ils se seraient rendus adjudicataires en vue de l'opération qu'ils se proposaient d'entreprendre.

MM. Cortès et Chalès voient dans la surenchère facultative une sauvegarde des intérêts du navire contre une surprise possible par suite d'une entente qui pourrait s'établir au moment de la vente entre un petit nombre d'acheteurs ou de spéculateurs.

La discussion étant épuisée, le principe de la surenchère est mis aux voix et adopté, ainsi que les articles du projet qui s'y rapportent.

TEXTE ACTUEL DU CODE.	MODIFICATIONS PROPOSÉES PAR LE PROJET.	PROPOSITIONS DE LA COMMISSION DE LA CHAMBRE DE COMMERCE.

Art. 215.

Le bâtiment prêt à faire voile n'est pas saisissable, si ce n'est à raison de dettes contractées pour le voyage qu'il va faire; et, même dans ce dernier cas, le cautionnement de ces dettes empêche la saisie. — Le bâtiment est censé prêt à faire voile lorsque le capitaine est muni de ses expéditions pour son voyage.

Art. 215.

Le bâtiment dont le capitaine a reçu ses expéditions pour son voyage n'est pas saisissable, si ce n'est à raison de dettes contractées pour le voyage qu'il va faire; et, même dans ce dernier cas, le cautionnement de ces dettes empêche la saisie.

Adopté.

TITRE III.

DES PROPRIÉTAIRES DE NAVIRE.

Art. 216.

Tout propriétaire de navire est civilement responsable des faits du capitaine et tenu des engagements contractés par ce dernier, pour ce qui est relatif au navire et à l'expédition. — Il peut, dans tous les cas, s'affranchir des obligations ci-dessus par l'abandon du navire et du fret. — Toutefois, la faculté de faire abandon n'est point accordée à celui qui est en même temps capitaine et propriétaire ou copropriétaire du navire. Lorsque le capitaine ne sera que copropriétaire, il ne sera responsable des engagements contractés par lui, pour ce qui est relatif au navire et à l'expédition, que dans la proportion de son intérêt.

Art. 216.

La simple copropriété d'un navire n'entraîne pas solidarité entre les divers copropriétaires.

Adopté.

Art. 217.

Les propriétaires des navires équipés en guerre ne seront toutefois responsables des délits et déprédations commis en mer par les gens de guerre qui sont sur leurs navires, ou par les équipages, que jusqu'à concurrence de la somme pour laquelle ils auront donné caution, à moins qu'ils n'en soient participants ou complices.

Art. 217.

Remplacé par l'article 220 du Code actuel, auquel aucun changement n'est proposé.
A cet article sera ajouté le paragraphe suivant:
En cas de licitation, les charges grevant chaque portion du navire passent de plein droit sur la part du prix qui en représente la valeur.

Modification adoptée.

Art. 218.

Le propriétaire peut congédier le capitaine. — Il n'y a pas lieu à indemnité, s'il n'y a convention par écrit.

Art. 218.

Placer sous ce numéro l'article 216 sans changement.
Ajouter à l'ancien article les paragraphes suivants:
L'abandon peut être pur et simple ou

Modification adoptée.

Addition supprimée.

Les articles 215, 216 et 217 sont lus et adoptés.

Il est donné lecture de l'article 218.

M. Chalès trouve les dispositions de cet article sévères et injustes à l'encontre des capitaines qui devraient, selon lui, avoir, comme les armateurs, la faculté de se libérer par l'abandon du navire et du fret.

conditionnel, fait à tous les créanciers ou à quelques-uns seulement.

Il peut être fait avant toutes poursuites.

Le propriétaire de navire qui veut faire abandon est tenu de le notifier par acte d'huissier huit jours au plus tard après le commandement ou la demande en justice dirigée contre lui.

Les créanciers à qui l'abandon a été tardivement signifié ou à qui il n'est pas opposé conservent tous leurs droits sur le navire et contre le propriétaire.

M. Chaumel fait remarquer que la loi rend chacun responsable de ses actes; que l'armateur n'est pas admis à se libérer, par l'abandon du navire et du fret, de sa propre gestion ou de celle qu'il aurait pu exercer.

L'armateur est responsable de sa fortune de terre, de tous les faits de sa gestion personnelle ou de celle que la loi attribue, tandis que le capitaine n'est responsable de ses faits, en cas d'abandon, que dans la proportion de son intérêt. Les dispositions légales, loin d'être sévères ou injustes envers les capitaines, paraissent, à M. Chaumel, leur être particulièrement favorables. M. Chaumel fait remarquer que, dans les prêts à la grosse, le prêteur prête au navire et non à la personne; si le navire périt ou dépérit par fortune de mer, le prêt à la grosse périt ou dépérit avec lui. Si l'armateur abandonne le navire et le fret pour s'affranchir du paiement du contrat, le prêteur est sans action personnelle tout aussi bien contre le capitaine que contre l'armateur.

SÉANCE DU SAMEDI 17 MARS 1866

M. le Président ouvre la discussion sur l'article 218.

Toute la partie de cet article, qui se trouve être la reproduction de l'article 216 du Code, est adoptée.

Le projet de révision ajoute de nouvelles dispositions à l'article 216 du Code :
1º Que l'abandon du navire peut être pur et simple ou conditionnel, et être fait à tous les créanciers ou à quelques-uns seulement.

M. Basse pense qu'il est inutile de dire que l'abandon pourra être conditionnel, puisqu'il est toujours facultatif à chacun de prendre des conclusions alternatives.

M. Chaumel observe que l'abandon du navire n'est pas une obligation, qu'il reste facultatif; que l'abandon fait à certains créanciers du navire n'oblige pas à traiter d'autres créanciers avec la même rigueur.

La seconde disposition ajoutée par le projet à l'article 216 du Code ne donne lieu à aucune observation.

La troisième disposition oblige le propriétaire du navire qui veut en faire l'abandon à le notifier, par acte d'huissier, huit jours au plus tard après le commandement ou la demande en justice.

M. CHAUMEL fait observer que le commandement ne peut être fait qu'après la condamnation, et, par conséquent, longtemps après la demande. M. Chaumel ajoute qu'il serait dangereux d'obliger le propriétaire d'un navire à en faire l'abandon, même conditionnel, huit jours après la demande dirigée contre lui; cet abandon aurait pour conséquence de placer le navire sous une sorte de séquestre pendant toute la durée du procès dans lequel le demandeur pourrait quelquefois succomber.

M. BASSE trouve que les dispositions nouvelles ajoutées à l'article 216 du Code n'apportent que de la confusion sans aucun avantage. M. Basse propose, en conséquence, de maintenir purement et simplement l'article 216, devenu article 218 du projet de révision. Cette proposition est mise aux voix et adoptée.

M. BLANCHY fait remarquer que les auteurs du projet de révision du Code laissent percer, dans les observations dont ils accompagnent la rédaction de l'article 218, leur disposition à admettre que l'abandon du navire aux créanciers devra obliger, en même temps, à en abandonner l'assurance.

M. CORTÈS pense que ce n'est pas le moment de traiter cette question, qui se représentera au titre des assurances.

M. BLANCHY objecte qu'il pourrait être imprudent de renvoyer à plus tard toute protestation contre les observations faites par les auteurs du projet de révision au sujet de l'article 218.

M. CHAUMEL dit que l'assurance a pour but de favoriser l'essor de la navigation, que les propriétaires des navires étant admis par l'article 216 du Code à se dégager de la responsabilité des faits des capitaines, peuvent s'adonner plus librement aux opérations maritimes dont ils s'éloigneraient, si l'abandon du navire devait entraîner l'abandon de l'assurance. L'assurance ne porte rien de matériel au navire; c'est une opération pour ainsi dire en dehors; aussi est-il difficile de comprendre la pensée de vouloir faire de l'assurance un immeuble par destination qui doive se confondre matériellement avec le navire.

Il n'est pas donné plus de suite à cette discussion, qui devra renaître à l'occasion du titre des assurances.

9

TEXTE ACTUEL DU CODE.	MODIFICATIONS PROPOSÉES PAR LE PROJET.	PROPOSITIONS DE LA COMMISSION DE LA CHAMBRE DE COMMERCE.

Art. 219.

Si le capitaine congédié est copropriétaire du navire, il peut renoncer à la copropriété et exiger le remboursement du capital qui la représente. — Le montant de ce capital est déterminé par des experts convenus ou nommés d'office.

Art. 219.

Sous ce numéro, placer sans changement les articles 218 et 219.

Adopté.

Art. 220.

En tout ce qui concerne l'intérêt commun des propriétaires d'un navire, l'avis de la majorité est suivi. — La majorité se détermine par une portion d'intérêt dans le navire, excédant la moitié de sa valeur. — La licitation du navire ne peut être accordée que sur la demande des propriétaires formant ensemble la moitié de l'intérêt total dans le navire, s'il n'y a, par écrit, convention contraire.

Art. 220.

L'armateur qui est copropriétaire ou mandataire des propriétaires représente en justice les propriétaires du navire pour tout ce qui est relatif à l'armement ou à l'expédition.

Art. 220.

En tout ce qui concerne l'intérêt commun des propriétaires d'un navire, l'avis de la majorité est suivi. — La majorité se détermine par une portion d'intérêt dans le navire, excédant la moitié de sa valeur. — La licitation du navire ne peut être accordée que sur la demande des propriétaires formant ensemble la moitié de l'intérêt total du navire, s'il n'y a, par écrit, convention contraire.

L'armateur ou le gérant du navire représente en justice les propriétaires du navire pour tout ce qui est relatif à l'armement ou à l'expédition.

Il est donné lecture de l'article 219.

Cet article est la reproduction des articles 218 et 219 du Code; aucune observation n'étant faite, l'article est adopté.

Il est donné lecture de l'article 220.

M. Buhan émet l'avis que l'armateur, auquel les intéressés d'un navire ont donné un témoignage de confiance en s'associant à l'opération, devrait avoir les pouvoirs les plus étendus pour la direction à donner aux opérations du navire, sans être astreint à suivre l'avis de la majorité des intéressés.

M. Cortès fait observer que les divers intéressés sur un navire sont liés à raison d'une société en participation, et que ces sociétés engendrent, à l'égard des associés, les mêmes droits et les mêmes devoirs que les sociétés en nom collectif; que chaque associé est responsable des pertes pour sa part et portion, quand même cette part serait plus forte que sa mise; d'où il résulte que chaque associé doit être en droit d'émettre son avis sur la direction à donner à l'opération du navire, et que l'armateur doit être tenu de se conformer à l'avis de la majorité des associés.

MM. Basse et Blanchy partagent l'opinion émise par M. Cortès, et font, en outre, remarquer que, pour des opérations d'armement entreprises par une association en commandite, le gérant de cette société a la gestion la plus absolue, mais que, dans les associations en participation, le gérant doit prendre l'avis de ses intéressés et être tenu d'exécuter les volontés de la majorité.

M. Buhan ne persistant pas dans sa proposition, la commission n'a pas de vote à émettre.

M. Blanchy souhaiterait que la minorité ne fût pas obligée de subir la loi de la majorité *quant à la durée de la société en participation résultant de la copropriété d'un navire.*
L'armateur et le capitaine ont chacun des avantages particuliers qui peuvent atténuer ou même dépasser leur part dans les pertes que l'opération pourra présenter, de telle sorte qu'ils auront intérêt à la continuer, alors que les autres intéressés verront leur capital de plus en plus diminué. Si les deux premiers réunissent dans leurs mains

51 p. % de la valeur du navire, ils pourront, tant que le navire sera
en état de naviguer, obliger leurs coparticipants à subir des pertes
successives pouvant même excéder la somme qu'ils voulaient risquer
dans l'opération, puisque, sur leur refus de contribuer aux dépenses
d'expédition, le capitaine peut emprunter à la grosse pour leur
compte.

Il n'y aurait aucun inconvénient, d'après M. Blanchy, à ce que,
dans les huit ou quinze jours de l'arrivée du navire, le participant pût
signifier à ses associés qu'il se retire, et reçoive le montant de sa part
de propriété, comme il est prévu pour le cas de congédiement du capitaine intéressé; à défaut, le coïntéressé devrait, dans tous les cas,
être admis à se dégager des obligations prises par l'armateur ou par
le capitaine, par l'abandon de sa part dans le navire.

M. Basse fait remarquer qu'il n'y a pas de similitude à établir entre
le capitaine congédié et un simple intéressé.

Le capitaine ne prend ordinairement d'intérêt dans un navire que
pour en avoir le commandement. La loi a donc été juste en réservant
au capitaine, congédié de son commandement, le droit de renoncer à
la copropriété, et d'exiger le remboursement du capital relatif à son intérêt; le simple intéressé ne peut être congédié, ni privé d'aucun avantage; on ne saurait, par conséquent, justifier la réserve en sa faveur
de pouvoir obliger arbitrairement ses coïntéressés à lui rembourser
le capital que représente sa part de copropriété, et augmenter ainsi
la somme que chacun d'eux a voulu risquer dans l'opération. Le coïntéressé qui n'y a pas renoncé peut toujours, à son gré, vendre la
part d'intérêt qu'il a prise dans un navire; il peut user de sa liberté à
cet égard, mais il ne saurait lui être réservé de pouvoir violenter
celle de ses coïntéressés et de les obliger à se charger de la part à
laquelle il plairait à un coïntéressé de vouloir renoncer.

Sur la seconde partie de la proposition de M. Blanchy, que l'intéressé devrait être admis à se dégager des obligations prises tout aussi
bien par l'armateur que par le capitaine, par l'abandon de sa part, il
est observé que tous les intéressés ont droit d'émettre leur avis sur les
opérations à entreprendre, et que l'armateur est astreint à suivre l'o-
pinion de la majorité de ses coïntéressés, alors même qu'il ne la par-
tagerait pas. Il pourrait arriver qu'une opération entreprise dans cette
condition se liquidât en perte dépassant le capital de l'opération;
dans ce cas, il serait souverainement injuste que les intéressés pussent
se dégager, par l'abandon de leur intérêt, des obligations imposées à
l'armateur par la majorité des coïntéressés, et rejeter ainsi sur lui les
conséquences fâcheuses de l'exécution de leur propre délibération.

M. Cortès appuie les objections produites à l'encontre des propositions de M. Blanchy.

10

Ces propositions, mises aux voix, ne sont pas adoptées par la commission.

M. BLANCHY propose de compléter l'article du Code par l'article du projet de révision, afin qu'au cas de contestations avec des tiers il n'y ait pas lieu de mettre en cause tous les intéressés portés sur l'acte de francisation du navire.

M. BASSE pense que l'armateur pourra avoir à craindre que ses coïntéressés trouvent qu'il s'est mal défendu dans l'instance, et cherchent à l'en rendre responsable. Qu'il serait bien, pour éviter cette éventualité, que tous les intéressés dans un navire fussent mis en cause pour défendre en commun.

La proposition de M. Blanchy est adoptée.

En conséquence, l'article 220 du Code est complété par l'addition de cette disposition :
« L'*armateur* ou gérant du navire représente en justice les proprié-
» taires du navire pour tout ce qui est relatif à l'armement ou à l'ex-
» pédition. »

TITRE IV.
DU CAPITAINE.

Art. 221.

Tout capitaine, maître ou patron, chargé de la conduite d'un navire ou autre bâtiment, est garant de ses fautes, même légères, dans l'exercice de ses fonctions.

Art. 221.

Rédaction maintenue.

Adopté.

Art. 222.

Il est responsable des marchandises dont il se charge. — Il en fournit une reconnaissance. — Cette reconnaissance se nomme *connaissement.*

Art. 222.

Rédaction maintenue.

Adopté.

Art. 223.

Il appartient au capitaine de former l'équipage du vaisseau, et de choisir et louer les matelots et autres gens de l'équipage; ce qu'il fera néanmoins de concert avec les propriétaires, lorsqu'il sera dans le lieu de leur demeure.

Art. 223.

Il appartient au capitaine de former l'équipage du navire, de choisir et louer les matelots et autres gens de l'équipage; ce qu'il fera néanmoins de concert avec les propriétaires, lorsque ceux-ci seront sur les lieux ou qu'ils y seront représentés par des fondés de pouvoir; auxquels cas les propriétaires ou leurs fondés de pouvoir seront tenus de signer le rôle d'équipage.

Adopté.

Art. 224.

Le capitaine tient un registre coté et parafé par l'un des juges du tribunal de commerce ou par le maire ou son adjoint dans les lieux où il n'y a pas de tribunal de commerce. — Ce registre contient: — les résolutions prises pendant le voyage, — la recette et la dépense concernant le navire, et généralement tout ce qui concerne le fait de sa charge, et tout ce qui peut donner lieu à un compte à rendre, à une demande à former.

Art. 224.

Rédaction maintenue avec addition du paragraphe suivant :
Indépendamment du registre coté et parafé, le capitaine tient un livre de loch contenant tout ce qui concerne les faits de la navigation.

Adopté.

SÉANCE DU LUNDI 9 AVRIL 1866.

Les articles 221, 222, 223 et 224 sont lus et adoptés.

TEXTE ACTUEL DU CODE.

MODIFICATIONS PROPOSÉES PAR LE PROJET.

PROPOSITIONS DE LA COMMISSION DE LA CHAM
DE COMMERCE.

Art. 225.

Le capitaine est tenu, avant de prendre charge, de faire visiter son navire, aux termes et dans les formes prescrites par les règlements. — Le procès-verbal de visite est déposé au greffe du tribunal de commerce ; il en est délivré extrait au capitaine.

Art. 225.

Le capitaine est tenu de faire visiter son navire et la machine, s'il y a lieu, dans les formes prescrites par les règlements.

Les procès-verbaux de visite sont déposés au greffe du tribunal de commerce. Il en est délivré extrait au capitaine.

Art. 225.

Le capitaine est tenu, avant de prendre charge, de faire visiter son navire et la machine dans les formes prescrites par les règlements.

Pour les navires à voiles, une nouvelle visite n'est obligatoire que s'il s'est écoulé six mois depuis la précédente, à moins que le navire ait éprouvé des avaries dans l'intervalle.

Les procès-verbaux de visite sont déposés au greffe du tribunal de commerce. Il en est délivré extrait au capitaine.

Art. 226.

Le capitaine est tenu d'avoir à bord : — l'acte de propriété du navire, — l'acte de francisation, — le rôle d'équipage, — les connaissements et chartesparties, — les procès-verbaux de visite, — les acquits de paiement ou à-caution des douanes.

Art. 226.

Le capitaine est tenu d'avoir à bord l'acte de francisation, le rôle d'équipage, les connaissements et chartesparties, les procès-verbaux de visite, les acquits de paiement ou acquits-à-caution de douane.

Adopté.

Il est donné lecture de l'article 225.

M. Chalès fait ressortir les inconvénients que présente l'obligation de faire visiter les navires à chaque voyage, particulièrement dans la navigation des mers de Chine, où il se fait une sorte de cabotage. M. Chalès propose qu'une nouvelle visite ne soit obligatoire que s'il s'est écoulé six mois depuis la précédente, à moins que le navire n'ait éprouvé des avaries dans l'intervalle.

Cette proposition est adoptée.

M. Buhan pense que les bateaux à vapeur doivent être soumis, chaque voyage, à la visite de leur machine.

La commission ne partage pas cet avis.

L'article 226 est lu et adopté.

| |

Art. 227.

Le capitaine est tenu d'être en personne dans son navire, à l'entrée et à la sortie des ports, havres ou rivières.

Art. 227.

Rédaction maintenue.

Article à supprimer.

Art. 228.

En cas de contravention aux obligations imposées par les quatre articles précédents, le capitaine est responsable de tous les événements envers les intéressés au navire et au chargement.

Art. 228.

Rédaction maintenue.

Article à supprimer.

Art. 229.

Le capitaine répond également de tout le dommage qui peut arriver aux marchandises qu'il aurait chargées sur le tillac de son vaisseau sans le consentement par écrit du chargeur. — Cette disposition n'est point applicable au petit cabotage.

Art. 229.

Le capitaine répond également de tout le dommage qui peut arriver aux marchandises qu'il aurait chargées sur le tillac de son bâtiment sans le consentement écrit des chargeurs.

Adopté, en supprimant le mot *également*.

Après la lecture de l'article 227, M. Chaumel fait observer qu'à la descente et à la montée des fleuves ou dans la conduite du navire d'un port à un autre, à la Réunion et sur la côte de l'Inde, les capitaines se trouvent fort rarement à bord de leur navire, leur présence à terre étant le plus souvent indispensable pour assurer le chargement de retour, régler les comptes de l'opération et prendre leurs expéditions de départ.

M. Buhan propose de dire : *à moins d'avoir un pilote.*

M. Chalès fait remarquer qu'à la Réunion, particulièrement, il n'y a pas de pilote; qu'il en est de même sur la côte de l'Inde, où les navires sont obligés d'aller d'un port à un autre pour décharger ou charger; que, d'ailleurs, les Tribunaux auront à apprécier, en tenant compte des usages et des nécessités des lieux, si le capitaine a véritablement commis une faute en ne se trouvant pas à bord de son navire au moment de l'entrée ou de la sortie des ports ou à la montée ou à la descente des fleuves.

MM. Basse, Blanchy et Chalès proposent de supprimer l'article.

La suppression est adoptée.

Il est donné lecture de l'article 228.

Le maintien de cet article paraît être une superfétation avec l'article 221, qui rend le capitaine responsable de ses fautes, même légères.

En conséquence, la suppression en est adoptée.

Il est donné lecture de l'article 229.

Quelques membres voudraient réserver au petit cabotage la faculté de charger sur le tillac.

Il est répondu que la marchandise placée sur le tillac est exposée à des dangers de toutes natures, à l'insu de l'expéditeur, qui paie le fret comme si elle se trouvait à l'abri sous le tillac.

Il est proposé de retrancher de l'article du projet le mot *également.*

L'article, ainsi modifié, est adopté.

12

TEXTE ACTUEL DU CODE.	MODIFICATIONS PROPOSÉES PAR LE PROJET.	PROPOSITIONS DE LA COMMISSION DE LA CHAMBRE DE COMMERCE.

ART. 230.

La responsabilité du capitaine ne cesse que par la preuve d'obstacles de force majeure.

ART. 230.

Rédaction maintenue.

Adopté.

ART. 231.

Le capitaine et les gens de l'équipage qui sont à bord, ou qui, sur les chaloupes, se rendent à bord pour faire voile, ne peuvent être arrêtés pour dettes civiles, si ce n'est à raison de celles qu'ils auront contractées pour le voyage ; et même, dans ce dernier cas, ils ne peuvent être arrêtés, s'ils donnent caution.

ART. 231.

Le capitaine et les gens de l'équipage ne peuvent être arrêtés pour dettes à dater de leur inscription au rôle d'équipage.

A partir de la même époque, leurs effets d'habillements et les instruments nécessaires à l'exercice de leur profession ne peuvent être ni saisis ni retenus par leurs créanciers.

ART. 231.

Le capitaine et les gens de l'équi[page] ne peuvent être arrêtés pour dett[es à] dater de leur inscription au rôle d'é[qui]page et du paiement des avances.

A partir de la même époque, l[es] effets d'habillements et les instrum[ents] nécessaires à l'exercice de leur pro[fes]sion ne peuvent être ni saisis ni ret[enus] par leurs créanciers.

ART. 232.

Le capitaine, dans le lieu de la demeure des propriétaires ou de leurs fondés de pouvoir, ne peut, sans leur autorisation spéciale, faire travailler au radoub du bâtiment, acheter des voiles, cordages et autres choses pour le bâtiment, prendre à cet effet de l'argent sur le corps du navire, ni fréter le navire.

ART. 232.

Lorsque les propriétaires ou leurs fondés de pouvoir se trouvent sur les lieux, le capitaine ne peut, sans leur autorisation spéciale, faire travailler aux réparations du bâtiment, acheter des voiles, cordages et autres objets pour le bâtiment, prendre à cet effet de l'argent sur le corps du navire, ni fréter le navire.

Adopté.

ART. 233.

Si le bâtiment était frété du consentement des propriétaires, et que quelques-uns d'eux fissent refus de contribuer aux frais nécessaires pour l'expédier, le capitaine pourra, en ce cas, vingt-quatre heures après sommation faite aux refusants de fournir leur contingent, emprunter à la grosse pour leur compte sur leur portion d'intérêt dans le navire, avec autorisation du juge.

ART. 263.

Rédaction maintenue.

Adopté.

L'article 230 est lu et adopté.

Sur la lecture de l'article 231, M. BLANCHY propose de dire que les capitaines et gens de l'équipage ne pourront être arrêtés pour dettes à dater de leur inscription au rôle et du paiement des avances.

Cette proposition est adoptée.

Les articles 232 et 233 sont lus. Le premier est adopté et le second maintenu.

Art. 234.

Si, pendant le cours du voyage, il y a nécessité de radoub, ou d'achat de victuailles, le capitaine, après l'avoir constaté par un procès-verbal signé des principaux de l'équipage, pourra, en se faisant autoriser, en France par le tribunal de commerce, ou, à défaut, par le juge de paix, chez l'étranger par le consul français, ou, à défaut, par le magistrat des lieux, emprunter sur le corps et quille du vaisseau, mettre en gage ou vendre des marchandises jusqu'à concurrence de la somme que les besoins constatés exigent. — Les propriétaires, ou le capitaine qui les représente, tiendront compte des marchandises vendues, d'après le cours des marchandises de même nature et qualité dans le lieu de la décharge du navire, à l'époque de son arrivée. — L'affréteur unique ou les chargeurs divers, qui seront tous d'accord, pourront s'opposer à la vente ou à la mise en gage de leurs marchandises, en les déchargeant et en payant le fret en proportion de ce que le voyage est avancé. A défaut du consentement d'une partie des chargeurs, celui qui voudra user de la faculté de déchargement sera tenu du fret entier sur ses marchandises.

Art. 234.

Si, pendant le cours du voyage, il y a nécessité de pourvoir à des réparations, achats de victuailles ou autres nécessités pressantes du navire, le capitaine, après avoir constaté cette nécessité par un procès-verbal signé des principaux de l'équipage, pourra, en se faisant autoriser, en France par le tribunal de commerce, ou, à défaut, par le juge de paix, à l'étranger par le consul ou le vice-consul français, ou, à défaut, par le magistrat du lieu, emprunter sur corps et quille du navire, mettre en gage et vendre des marchandises, ou emprunter sur chargement jusqu'à concurrence de la somme que les besoins constatés exigent.

Le complément de la rédaction est maintenu, sauf à introduire dans le paragraphe 3 les mots à l'emprunt à la grosse *après le mot* s'opposer.

Art. 234.

Si, pendant le cours du voyage, il nécessité de pourvoir à des réparati achats de victuailles ou autres néces pressantes du navire, le capitaine, a avoir constaté cette nécessité par procès-verbal signé des principaux l'équipage, pourra, en se faisant a riser, en France par le tribunal de c merce, ou, à défaut, par le juge de p consul français, ou, à défaut, pa magistrat du lieu, emprunter sur c et quille du navire, mettre en gag vendre des marchandises, ou empru sur chargement jusqu'à concurrence la somme que les besoins constatés exi gent.

Les propriétaires, ou le capitaine les représente, tiendront compte marchandises vendues, d'après le c des marchandises de même natur qualité, dans le lieu de la décharg navire à l'époque de son arrivée L'affréteur unique ou les chargeurs vers pourront s'opposer à l'emprunt grosse, à la vente ou à la mise en de leurs marchandises en les déc geant et en payant le fret entier.

Il est donné lecture de l'article 234.

M. Chalès expose que, si le navire ne trouve pas de nouvelles marchandises à prendre en remplacement du chargement qu'on pourrait lui retirer en lui payant un demi-fret, le navire devra en éprouver un préjudice sérieux et un grand embarras. Il désirerait que le fret entier fût payé avant qu'on pût retirer la marchandise.

M. Chaumel fait observer que les chargeurs ne se trouvent que rarement sur le navire, et ne sont, par conséquent, pas en mesure de pouvoir retirer la marchandise; que, dès lors, les craintes exprimées par M. Chalès ne doivent pas se réaliser.

M. Blanchy représente une personne se rendant dans une colonie avec des marchandises spéciales destinées à alimenter son magasin et à satisfaire ou à se créer une clientèle, marchandises qu'il ne pourrait pas remplacer à destination; il trouve juste que cette personne puisse retirer sa marchandise et ne paie que la partie du service que le navire lui a rendu.

M. Blanchy dit que tout le monde trouverait exorbitant que, pour réparer une avarie à une charrette ou à un wagon, un roulier ou un chemin de fer pût faire vendre en route la marchandise qu'il est chargé de transporter. M. Blanchy pense que le capitaine ne devrait pas avoir plus de droit que le roulier ou le chemin de fer.

M. Buhan observe qu'en cours de voyage, les intérêts du capitaine et du chargeur sont tellement liés, qu'il y a une sorte d'association ou de communauté. M. Buhan propose que tout chargeur qui voudra retirer sa marchandise afin d'éviter que le capitaine la mette en vente ou en gage, ou emprunte sur elle, devra payer le fret entier stipulé au connaissement.

Cette proposition est mise aux voix et adoptée.

Art. 235.

Le capitaine, avant son départ d'un port étranger ou des colonies françaises pour revenir en France, sera tenu d'envoyer à ses propriétaires, ou à leurs fondés de pouvoir, un compte signé de lui, contenant l'état de son chargement, le prix des marchandises de sa cargaison, les sommes par lui empruntées, les noms et demeures des prêteurs.

Art. 235.

Rédaction maintenue.

Article à supprimer.

Art. 236.

Le capitaine qui aura, sans nécessité, pris de l'argent sur le corps, avitaillement ou équipement du navire, engagé ou vendu des marchandises ou des victuailles, ou qui aura employé dans ses comptes des avaries et des dépenses supposées, sera responsable envers l'armement, et personnellement tenu du remboursement de l'argent ou du paiement des objets, sans préjudice de la poursuite criminelle, s'il y a lieu.

Art. 236.

Le capitaine qui aura, sans nécessité, pris de l'argent sur le corps, avitaillement ou équipement du navire, engagé, vendu des marchandises ou des victuailles ou emprunté sur le chargement, ou qui aura employé dans ses comptes des avaries et des dépenses supposées, sera responsable et personnellement tenu du remboursement de l'argent ou du paiement des objets et de tous dommages et intérêts, sans préjudice de la poursuite criminelle, s'il y a lieu.

Adopté.

Art. 237.

Hors le cas d'innavigabilité légalement constatée, le capitaine ne peut, à peine de nullité de la vente, vendre le navire sans un pouvoir spécial des propriétaires.

Art. 237.

Rédaction maintenue.

Adopté.

Art. 238.

Tout capitaine de navire engagé pour un voyage est tenu de l'achever, à peine de tous dépens, dommages et intérêts envers les propriétaires et les affréteurs.

Art. 238.

Tout capitaine engagé pour un voyage est tenu de l'achever, à peine de tous dommages-intérêts envers les propriétaires et les affréteurs.

Si le navire a éprouvé des avaries et qu'il ne puisse être radoubé, le capitaine est tenu d'en louer un autre.

Art. 238.

Tout capitaine engagé pour un voyage est tenu de l'achever à peine de tous dommages-intérêts envers les propriétaires et les affréteurs.

Si le navire a éprouvé des avaries et qu'il ne puisse être radoubé, le capitaine est obligé d'en louer un autre, ou de faire constater par le juge du lieu l'absence de navire à louer.

Il est donné lecture de l'article 235.

M. Blanchy demande la suppression de cet article, puisque aucune pénalité n'est attachée à son inobservation. Dans la pratique, le capitaine ne manque pas d'informer ses armateurs de tout ce qui peut les intéresser.

La suppression est adoptée.

Les articles 236 et 237 sont lus et adoptés.

Il est donné lecture de l'article 238.

M. Blanchy propose d'ajouter à cet article : *aux frais des chargeurs.*

M. Cortès dit que le réclamateur n'est tenu qu'au fret primitif, et que l'excédant du fret est une avarie grosse.

Cette partie de la discussion est renvoyée à la suite de celle qui s'ouvrira sur l'article 303.

M. Cortès propose d'ajouter au dernier paragraphe de l'article : *ou d'en faire constater l'impossibilité par le juge du lieu.*

Cette proposition est adoptée.

Art. 239.

Le capitaine qui navigue à profit commun sur le chargement ne peut faire aucun trafic ni commerce pour son compte particulier, s'il n'y a convention contraire.

Art. 239.

Rédaction maintenue.

Adopté.

Art. 240.

En cas de contravention aux dispositions mentionnées dans l'article précédent, les marchandises embarquées par le capitaine pour son compte particulier sont confisquées au profit des autres intéressés.

Art. 240.

En cas de contravention aux dispositions mentionnées dans l'article précédent, le capitaine est privé de sa part dans le profit commun, sans préjudice de plus amples dommages-intérêts, s'il y a lieu.

Adopté.

Art. 241.

Le capitaine ne peut abandonner son navire pendant le voyage, pour quelque danger que ce soit, sans l'avis des officiers et principaux de l'équipage; et, en ce cas, il est tenu de sauver avec lui l'argent et ce qu'il pourra des marchandises les plus précieuses de son chargement, sous peine d'en répondre en son propre nom. Si les objets ainsi tirés du navire sont perdus par quelque cas fortuit, le capitaine en demeurera déchargé.

Art. 241.

Rédaction maintenue.

Adopté.

Art. 242.

Le capitaine est tenu, dans les vingt-quatre heures de son arrivée, de faire viser son registre et de faire son rapport. — Le rapport doit énoncer : — le lieu et le temps de son départ, — la route qu'il a tenue, — les hasards qu'il a courus, — les désordres arrivés dans le navire, et toutes les circonstances remarquables de son voyage.

Art. 242.

Le capitaine est tenu, dans les vingt-quatre heures de son arrivée, de faire viser son registre et son livre de loch. Il est également tenu de faire son rapport dans le même délai.

Art. 242.

Le capitaine est tenu, dans les vingt-quatre heures de son arrivée, de faire viser son registre et son livre de loch. Il est également tenu de faire son rapport dans le même délai. Le rapport doit énoncer : — le lieu et le temps de son départ, — la route qu'il a tenue, — les hasards qu'il a courus, — les désordres arrivés dans le navire et toutes les circonstances remarquables de son voyage.

Les articles 239, 240 et 241 sont lus. Le premier est maintenu et les autres sont adoptés.

Il est passé à l'article 242.

M. BLANCHY désire maintenir dans la nouvelle loi l'indication de ce que doit énoncer le rapport du capitaine. En conséquence, il propose que le nouvel article 242 soit complété par la seconde disposition du même article du Code, à partir de : *le rapport doit énoncer, etc.*

La proposition de M. Blanchy est adoptée.

Art. 243.

Le rapport est fait au greffe, devant le président du tribunal de commerce. — Dans les lieux où il n'y a pas de tribunal de commerce, le rapport est fait au juge de paix de l'arrondissement. — Le juge de paix qui a reçu le rapport est tenu de l'envoyer, sans délai, au président du tribunal de commerce le plus voisin. — Dans l'un et l'autre cas, le dépôt en est fait au greffe du tribunal de commerce.

Art. 243.

Le rapport est fait au greffe, devant le président du tribunal de commerce.

Dans les lieux où il n'y a pas de tribunal de commerce, le rapport est fait au juge de paix du canton.

Le complément de la rédaction est maintenu.

Adopté.

Art. 244.

Si le capitaine aborde dans un port étranger, il est tenu de se présenter au consul de France, de lui faire un rapport, et de prendre un certificat constatant l'époque de son arrivée et de son départ, l'état et la nature de son chargement.

Art. 244.

Si le capitaine aborde dans un port étranger, il est tenu de se présenter à l'autorité consulaire française, de lui faire un rapport, de soumettre à son visé le livre de loch du navire et de prendre un certificat constatant l'époque de son arrivée et celle de son départ, l'état et la nature de son chargement.

Adopté.

Art. 245.

Si, pendant le cours du voyage, le capitaine est obligé de relâcher dans un port français, il est tenu de déclarer au président du tribunal de commerce du lieu les causes de sa relâche. — Dans les lieux où il n'y a pas de tribunal de commerce, la déclaration est faite au juge de paix du canton. — Si la relâche forcée a lieu dans un port étranger, la déclaration est faite au consul de France, ou, à son défaut, au magistrat du lieu.

Art. 245.

Si, pendant le cours du voyage, le capitaine est obligé de relâcher dans un port français, il est tenu de déclarer au président du tribunal de commerce du lieu les causes de sa relâche et de soumettre au visa de ce magistrat le livre de loch du navire.

Dans les lieux où il n'y a pas de tribunal de commerce, la déclaration est faite au juge de paix du canton, qui vise le livre de loch.

Si la relâche forcée a lieu dans un port étranger, la déclaration est faite à l'autorité consulaire française, ou, à son défaut, au magistrat du lieu, qui vise le livre de loch du bâtiment.

Adopté.

Les articles 243, 244 et 245 sont lus. Le premier est maintenu et les deux autres sont adoptés.

TEXTE ACTUEL DU CODE.	MODIFICATIONS PROPOSÉES PAR LE PROJET.	PROPOSITIONS DE LA COMMISSION DE LA CHAMBRE DE COMMERCE.

Art. 246.

Le capitaine qui a fait naufrage et qui s'est sauvé seul ou avec partie de son équipage est tenu de se présenter devant le juge du lieu, ou, à défaut du juge, devant toute autre autorité civile, d'y faire son rapport, de le faire vérifier par ceux de son équipage qui se seraient sauvés et se trouveraient avec lui, et d'en lever expédition.

Art. 246.

Le capitaine qui a fait naufrage et qui s'est sauvé seul ou avec une partie de son équipage est tenu de se présenter dans le plus bref délai devant le juge du lieu, ou, à défaut de juge, devant toute autre autorité civile, d'y faire son rapport et de le faire vérifier par ceux de son équipage qui se seraient sauvés et se trouveraient avec lui, et d'en lever expédition.

Adopté.

Art. 247.

Pour vérifier le rapport du capitaine, le juge reçoit l'interrogatoire des gens de l'équipage, et, s'il est possible, des passagers, sans préjudice des autres preuves. — Les rapports non vérifiés ne seront point admis à la décharge du capitaine, et ne font point foi en justice, excepté dans le cas où le capitaine naufragé s'est sauvé seul dans le lieu où il a fait son rapport. — La preuve des faits contraires est réservée aux parties.

Art. 247.

Rédaction maintenue.

Adopté.

Art. 248.

Hors les cas de péril imminent, le capitaine ne peut décharger aucune marchandise avant d'avoir fait son rapport, à peine de poursuites extraordinaires contre lui.

Art. 248.

Hors le cas de péril imminent, le capitaine ne peut décharger aucune marchandise avant d'avoir fait son rapport.

Adopté.

Art. 249.

Si les victuailles du bâtiment manquent pendant le voyage, le capitaine, en prenant l'avis des principaux de l'équipage, pourra contraindre ceux qui auront des vivres en particulier de les mettre en commun, à la charge de leur en payer la valeur.

Art. 249.

Rédaction maintenue.

Adopté.

Il est donné lecture de l'article 246.

M. BLANCHY propose d'effacer le mot *civile* et de dire *devant toute autre autorité*.

M. CHALÈS combat la proposition de M. Blanchy, et fait ressortir tous les inconvénients que pourraient rencontrer les capitaines de la part des autorités militaires, peu compétentes, trop souvent dominées par des préjugés injustes.

M. BLANCHY retire sa proposition.

L'article, mis aux voix, est adopté.

Les articles 247, 248 et 249 sont lus. Le premier est maintenu et les deux autres sont adoptés.

TITRE V.

DE L'ENGAGEMENT ET DES LOYERS DES GENS DE L'ÉQUIPAGE.

Art. 250.

Les conditions d'engagement du capitaine et des hommes d'équipage d'un navire sont constatées par le rôle d'équipage ou par les conventions des parties.

Art. 250.

Avant l'inscription au rôle d'équipage du capitaine, des officiers et des matelots, les conditions de leur engagement peuvent être établies par tous les moyens de preuve énoncés en l'article 109.

Après cette inscription, les conditions d'engagement portées sur le rôle d'équipage font seules la loi des parties.

Aucune clause pénale ne peut être stipulée dans cet engagement, sauf l'action en dommages-intérêts contre celle des parties qui ne remplirait pas ses obligations.

Art. 250.

Les conditions d'engagement du capitaine et des hommes d'équipage d'un navire sont constatées par le rôle d'équipage ou par les conventions écrites des parties.

SÉANCE DU JEUDI 19 AVRIL 1866

M. LE PRÉSIDENT donne lecture de l'article 250.

La commission est unanime pour repousser l'article du projet. Il ne lui paraît pas admissible que les conditions des engagements d'équipage puissent être établies par les moyens de preuves énoncés à l'article 109, c'est-à-dire par témoins, preuves toujours faciles à faire, souvent dangereuses à accepter.

M. CHAUMEL observe, au sujet du deuxième paragraphe, que les engagements des capitaines particulièrement stipulent souvent une somme mensuelle établie au rôle d'équipage, plus des commissions sur le fret et une part sur le passage des passagers, et quelquefois un certain nombre de tonneaux de port permis, conditions qui doivent faire foi entre les parties, bien qu'elles ne soient pas insérées au rôle d'équipage.

M. BUHAN désirerait que les conditions particulières pussent être sur le rôle d'équipage.

M. CHALÈS s'élève contre le troisième paragraphe. Il serait d'avis que toute clause pénale pût être stipulée dans l'engagement; qu'un capitaine pût stipuler avec son second, par exemple, une clause pénale dans le cas où il abandonnerait le navire avant la fin du voyage.

MM. BASSE, CHALÈS et CHAUMEL proposent le rejet de l'article du projet de révision, et de s'en tenir purement et simplement à l'article du Code.

M. BLANCHY propose d'ajouter à l'article du Code le mot *écrites* après les conventions.

La commission adopte la proposition.

TEXTE ACTUEL DU CODE.	MODIFICATIONS PROPOSÉES PAR LE PROJET.	PROPOSITIONS DE LA COMMISSION DE LA CHAMBRE DE COMMERCE.

Art. 251.

Le capitaine et les gens de l'équipage ne peuvent, sous aucun prétexte, charger dans le navire aucune marchandise pour leur compte sans la permission des propriétaires et sans en payer le fret, s'ils n'y sont autorisés par l'engagement.

Art. 251.

Supprimé.

Art. 251.

Le capitaine et les gens de l'équipage ne peuvent, sous aucun prétexte, charger dans le navire aucune marchandise pour leur compte, sans la permission des propriétaires.

Art. 251 (nouveau).

Les matelots sont nourris aux frais du navire à partir du jour fixé pour l'entrée au service ou le départ.

S'ils sont engagés au mois, leurs salaires courent à partir de la même date.

S'ils sont engagés au voyage, ils sont traités conformément à l'article 255.

Il est donné lecture de l'article 251, supprimé par le projet.

M. Chaumel fait observer que la suppression de cet article du Code ouvrirait au capitaine et à l'équipage le droit exorbitant de charger des marchandises avec ou sans l'assentiment de l'armateur.

En conséquence, M. Chaumel propose le maintien de l'article du Code.

M. Blanchy propose de supprimer la disposition finale de l'article du Code, ainsi conçue : *et sans en payer le fret, s'ils n'y sont autorisés par les propriétaires.*

L'article du Code, ainsi modifié, est maintenu.

L'article 251 nouveau est lu et adopté.

Art. 252.

Si le voyage est rompu par le fait des propriétaires, capitaine ou affréteurs, avant le départ du navire, les matelots loués au voyage ou au mois sont payés des journées par eux employées à l'équipement du navire. Ils retiennent pour indemnité les avances reçues. — Si les avances ne sont pas encore payées, ils reçoivent pour indemnité un mois de leurs gages convenus. — Si la rupture arrive après le voyage commencé, les matelots loués au voyage sont payés en entier aux termes de leur convention. — Les matelots loués au mois reçoivent leurs loyers stipulés pour le temps qu'ils ont servi, et, en outre, pour indemnité, la moitié de leurs gages pour le reste de la durée présumée du voyage pour lequel ils étaient engagés. — Les matelots loués au voyage ou au mois reçoivent, en outre, leur conduite de retour jusqu'au lieu du départ du navire, à moins que le capitaine, les propriétaires ou affréteurs, ou l'officier d'administration, ne leur procurent leur embarquement sur un autre navire revenant audit lieu de leur départ.

Art. 252.

Si, avant le départ du navire, le voyage est rompu par le fait des propriétaires, capitaines ou affréteurs, les matelots loués au mois ou au voyage sont payés des journées par eux employées à l'équipement du navire. Ils retiennent pour indemnité les avances reçues.

Si les avances ne sont pas encore payées, les matelots au mois reçoivent pour indemnité un mois de leurs gages convenus ; les matelots engagés au voyage, une somme correspondante à un mois de gages d'après la durée présumée du voyage, à moins que cette durée présumée ne dépasse pas un mois, auquel cas ils seront payés en entier.

Si la rupture arrive après le voyage commencé, les matelots loués au voyage sont payés en entier aux termes de leur convention et repatriés aux frais de l'armement.

Les matelots loués au mois sont payés sans interruption de leurs gages jusqu'au moment de leur entrée en France et repatriés aux frais de l'armement, à moins que le capitaine ou l'autorité française ne leur procure un embarquement avec salaires équivalents. Ils reçoivent, en outre, à titre d'indemnité, un mois de leurs gages convenus.

Art. 252.

Si, avant le départ du navire, le voyage est rompu par le fait des propriétaires, capitaine ou affréteurs, ou bien si les matelots sont débarqués par les propriétaires ou le capitaine pour cause valable, les matelots loués au mois ou au voyage sont payés des journées par eux employées à l'équipement du navire. Ils retiennent pour indemnités les avances reçues.

Si les avances ne sont pas encore payées, les matelots engagés au mois reçoivent pour indemnité un mois de leurs gages convenus ; les matelots engagés au voyage, une somme correspondante à un mois de gages d'après la durée présumée du voyage, à moins que cette durée présumée ne dépasse pas un mois, auquel cas ils seront payés en entier.

Si la rupture ou le débarquement arrive après le voyage commencé, les matelots loués au voyage sont payés en entier aux termes de leur convention et repatriés aux frais de l'armement.

Les matelots loués au mois reçoivent à titre d'indemnité un mois, de gages s'ils sont débarqués en deçà des caps, deux mois s'ils sont débarqués au-delà, et sont repatriés aux frais de l'armement par navires à voiles, à moins que le capitaine ou l'autorité française ne leur procure un embarquement avec salaires équivalents ou agréés par eux.

Il est donné lecture de l'article 252.

M. Chalès fait remarquer combien les obligations imposées à l'armateur français sont onéreuses, comparativement à celles que les lois anglaises ou américaines imposent au commerce maritime de ces deux nations. Les capitaines anglais et américains peuvent débarquer ou embarquer les hommes de leur équipage en tous lieux.

M. Chalès reconnaît que l'inscription maritime s'oppose à ce que cette faculté puisse être accordée au commerce français; mais il désirerait cependant voir diminuer les charges imposées aux armateurs français par l'article 252.

Un capitaine devrait pouvoir débarquer un homme qui corrompt l'équipage et dont il jugerait la présence dangereuse; il devrait avoir la même faculté à l'égard d'un homme incapable de rendre les services pour lesquels il s'est engagé.

M. Buhan fait observer que les obligations doivent être réciproques; si le marin est obligé de faire tout le voyage, le capitaine ou l'armateur doit être tenu de la même manière à l'égard du matelot.

M. Blanchy ne pense pas qu'on puisse renvoyer le matelot en payant son repatriement, et qu'on puisse le priver de ses gages de retour qu'il avait entendu gagner en s'engageant à bord des navires.

M. Chaumel reconnaît qu'il est parfaitement juste qu'un matelot ne puisse pas être privé des gages de retour qu'il a entendu gagner s'il rend au capitaine les services pour lesquels il s'est engagé; mais si le matelot est incapable de rendre les services pour lesquels il s'est engagé, il est sans droit à se plaindre de ce que le capitaine cesse de lui payer le prix convenu en retour de ces services qu'il ne rend pas; il faut livrer la chose pour avoir droit à son prix.

M. Basse voudrait que les consuls eussent le droit de débarquer un homme incapable, mais que le matelot ne pût débarquer sans le consentement du capitaine.

M. Blanchy croit qu'il y aurait de graves inconvénients à donner la faculté d'embarquer et de débarquer les hommes en cours de voyage; la discipline de bord aurait à en souffrir. Si le capitaine avait le pouvoir de débarquer ses hommes, on ne pourrait priver l'équipage du droit de se faire débarquer.

M. Cortès pense qu'en outre des gages échus et des frais de rapatriement, les capitaines qui voudraient débarquer des hommes devraient être tenus à leur payer une indemnité. M. Cortès reconnaît
qu'il est indispensable qu'un capitaine puisse se débarrasser soit d'un
homme incapable, soit d'un homme dangereux pour la discipline et
quelquefois pour la sécurité d'un navire. M. Cortès appuie la proposition de M. Chalès, et propose de remplacer le quatrième paragraphe
de l'article 252 par une disposition nouvelle destinée à sauvegarder
les intérêts de l'équipage et ceux du capitaine. Cette proposition est
adoptée.

TEXTE ACTUEL DU CODE.	MODIFICATIONS PROPOSÉES PAR LE PROJET.	PROPOSITIONS DE LA COMMISSION DE LA CHAMBRE DE COMMERCE.

Art. 253.

S'il y a interdiction de commerce avec le lieu de la destination du navire, ou si le navire est arrêté par ordre du gouvernement avant le voyage commencé, — il n'est dû aux matelots que les journées employées à équiper le bâtiment.

Art. 253.

Si, avant le voyage commencé, il y a interdiction de commerce avec le lieu de destination du navire, ou si le navire est arrêté par ordre du gouvernement, il n'est dû aux matelots que les journées employées à équiper le navire.

Adopté.

Art. 254.

Si l'interdiction de commerce ou l'arrêt du navire arrive pendant le cours du voyage, — dans le cas d'interdiction, les matelots sont payés à proportion du temps qu'ils auront servi ; — dans le cas de l'arrêt, le loyer des matelots engagés au mois court pour moitié pendant le temps de l'arrêt ; — le loyer des matelots engagés au voyage est payé aux termes de leur engagement.

Art. 254.

La rédaction est maintenue avec addition d'un dernier paragraphe, ainsi conçu :

Néanmoins, si des indemnités sont accordées à l'armement par suite de l'interdiction ou de l'arrêt, il n'est fait aucune réduction aux matelots engagés au mois, et ceux engagés au voyage reçoivent une augmentation proportionnelle.

Article du Code maintenu.

Art. 255.

Si le voyage est prolongé, le prix des loyers des matelots engagés au voyage est augmenté en proportion de la prolongation.

Art. 255.

Si le voyage est prolongé, pour quelque motif que ce soit, le prix du loyer des matelots engagés au voyage est augmenté à proportion de la prolongation.

Art. 255.

Si le voyage est prolongé au-delà de la destination prévue par l'engagement, le prix du loyer des matelots engagés au voyage est augmenté à proportion de la prolongation.

SÉANCE DU LUNDI 28 JANVIER 1867

L'article 253 est lu et adopté.

Il est passé à l'examen de l'article 254.

M. Chaumel propose de maintenir, purement et simplement, l'article du Code et de ne pas admettre l'équipage à participer aux indemnités politiques pour le cas où l'armateur parviendrait à en obtenir, parce que ces indemnités ne s'obtiennent que rarement ou à la suite de démarches dispendieuses, toujours très-longues, après lesquelles il serait le plus souvent impossible de retrouver les hommes de l'équipage.

La commission partage cette opinion; en conséquence, l'article 254 du Code actuel est maintenu, et le paragraphe additionnel proposé par la sous-commission repoussé.

Il est donné lecture de l'article 255.

M. Blanchy et plusieurs autres membres s'élèvent contre l'addition à l'article du Code. La prolongation du voyage peut tenir à des causes de fortune de mer, telles que relâche pour cause d'avaries, vents contraires, etc., etc.; ce n'est certainement pas à raison de ces prolongations que la sous-commission voudrait assurer à l'équipage une augmentation de loyer; une augmentation de loyer n'a de raison d'être que dans le cas où le voyage est prolongé dans l'intérêt de l'opération du navire. M. Blanchy propose de modifier la rédaction en ce sens; la commission adopte.

TEXTE ACTUEL DU CODE.	MODIFICATIONS PROPOSÉES PAR LE PROJET.	PROPOSITIONS DE LA COMMISSION DE LA CHAMBRE DE COMMERCE.

Art. 256.

Si la décharge du navire se fait volontairement dans un lieu plus rapproché que celui qui est désigné par l'affrétement, il ne leur est fait aucune diminution.

Art. 256.

Rédaction maintenue.

Adopté.

Art. 257.

Si les matelots sont engagés au profit ou au fret, il ne leur est dû aucun dédommagement ni journées pour la rupture, le retardement ou la prolongation de voyage occasionnés par force majeure. — Si la rupture, le retardement ou la prolongation arrivent par le fait des chargeurs, les gens de l'équipage ont part aux indemnités qui sont adjugées au navire. — Ces indemnités sont partagées entre les propriétaires du navire et les gens de l'équipage, dans la même proportion que l'aurait été le fret. — Si l'empêchement arrive par le fait du capitaine ou des propriétaires, ils sont tenus des indemnités dues aux gens de l'équipage.

Art. 257.

Rédaction maintenue.

Adopté.

Art. 258.

En cas de prise, de bris et naufrage, avec perte entière du navire et des marchandises, les matelots ne peuvent prétendre aucun loyer. — Ils ne sont point tenus de restituer ce qui leur a été avancé sur leurs loyers.

Art. 259.

Si quelque partie du navire est sauvée, les matelots engagés au voyage ou au mois sont payés de leurs loyers échus sur les débris du navire qu'ils ont sauvés. — Si les débris ne suffisent pas, ou s'il n'y a que des marchandises sauvées, ils sont payés de leurs loyers subsidiairement sur le fret.

Art. 258 et 259.

En cas de prise, bris ou naufrage, les matelots sont payés jusqu'au jour de la cessation de leurs services, à moins qu'il ne soit prouvé qu'ils n'ont pas fait tout ce qu'il était en leur pouvoir pour sauver le bâtiment.

Dans ce dernier cas, il appartiendra aux tribunaux de statuer sur la réduction de salaires qu'ils auront encourue.

Les avances reçues ne seront pas remboursées.

Art. 259.

Supprimé.
Voir article précédent.

Art. 258.

En cas de prise, de bris et naufrage avec perte entière du navire et des marchandises, les matelots sont payés de leurs loyers jusqu'au départ du dernier port pour entreprendre le voyage dans lequel le navire a péri ou a été pris. — Ils ne sont point tenus de restituer ce qui leur a été avancé sur leurs loyers.

Article du Code maintenu.

Art. 260.

Les matelots engagés au fret sont payés de leurs loyers seulement sur le fret, à proportion de celui que reçoit le capitaine.

Art. 260.

Rédaction maintenue.

Article du Code maintenu.

Les articles 256 et 257 sont lus et adoptés.

Il est passé à la lecture des articles 258 et 259, réunis pour n'en former plus qu'un.

M. Chalès fait remarquer que l'article 256 établit qu'en cas de bris et naufrage avec perte entière du navire et des marchandises, les matelots ne peuvent prétendre à aucun loyer ; que, d'un autre côté, le matelot n'est pas tenu à restituer ce qu'il peut avoir reçu d'avance sur ses loyers, — qu'il y a là une sorte de compensation.

Les auteurs du projet de révision se sont proposé d'assurer les droits des matelots jusqu'au jour de la cessation de leur service ; c'est un principe qu'ils ont puisé dans la législation anglaise ; il eût été bien d'y puiser davantage et de proposer en même temps ce que la législation anglaise, équitable pour tous les intérêts, a de favorable pour l'armateur et le capitaine.

M. Chaumel fait remarquer que les motifs d'humanité invoqués par les auteurs du projet de révision ont été présentés lors de la discussion de l'ordonnance de 1681 ; il fut démontré et admis qu'il était indispensable d'intéresser l'équipage au salut commun et d'identifier son intérêt à la conservation du navire. Valin et Émerigon ont pensé qu'il importait au bien public et à la morale que les gens de mer fussent

intéressés à conduire le navire au port pour y être payés de leurs gages. Les hommes éminents qui ont rédigé nos codes ont pensé comme leurs devanciers. Locré et les commentateurs de nos codes ont trouvé la mesure très-sage; il est douteux qu'elle ait cessé de l'être depuis.

D'après M. Chaumel, la perte des loyers des matelots doit être bornée à celle des loyers du voyage *pendant lequel le navire a péri*. M. Chaumel propose une rédaction en ce sens; cette rédaction est adoptée.

Les articles 259 et 260 sont lus et maintenus.

Art. 261.

De quelque manière que les matelots soient loués, ils sont payés des journées par eux employées à sauver les débris et les effets naufragés.

Art. 262.

Le matelot est payé de ses loyers, traité et pansé aux dépens du navire, s'il tombe malade pendant le voyage ou s'il est blessé au service du navire.

Art. 261 et 262.

Le matelot est payé de ses loyers, traité, pansé et repatrié, s'il tombe malade ou s'il est blessé pendant le voyage, à moins qu'il ne soit prouvé que la maladie ou la blessure a été occasionnée uniquement par sa faute.

Les effets de cette obligation commencent du jour de l'entrée au service du matelot, et finissent à la date du désarmement.

Les loyers et les frais de traitement de repatriement sont à la charge du navire, si le matelot est engagé à salaires fixes, et à la charge de l'association, s'il est engagé à la part dans les bénéfices de l'expédition.

Art. 261.

De quelque manière que les mate soient loués, ils sont payés sur la val des objets sauvés des journées par employées au sauvetage.

Art. 262.

Le matelot est payé de ses loye traité et pansé aux dépens du navire, tombe malade ou s'il est blessé au se vice du navire pendant le voyage moins qu'il ne soit prouvé que la ma die ou la blessure a été occasionnée u quement par sa faute.

Si le matelot est laissé malade en co de voyage, le consul, à la demande capitaine, arbitre sur le rapport d' médecin désigné par lui la durée p sumée de la maladie, les frais qu'e pourra occasionner. Il arrête les loy à l'époque correspondante à cette dur le capitaine consigne le tout entre mains du consul. A partir de ce m ment, l'homme malade ou blessé lai n'a d'autres droits que celui à être i demnisé et repatrié comme il est enc établi à l'article 252.

Il est passé à l'examen des articles 261 et 262, réunis en un seul.

La commission de la Chambre ne trouve aucun avantage à joindre ces deux articles; elle est d'avis qu'il y a lieu de les maintenir séparés.

L'examen se porte sur l'article 261; après diverses observations, l'article est adopté, légèrement modifié.

Il est passé à la lecture de l'article 262.

D'après M. CHALÈS, les gages du matelot laissé malade devraient être arrêtés; le capitaine devrait être tenu seulement à payer une indemnité déterminée et les frais de rapatriement.

M. BLANCHY pense que les gages devraient courir jusqu'au jour de la sortie de l'hôpital, et que le matelot devrait recevoir une indemnité de un à deux mois de ses gages, selon qu'il aurait été laissé en deçà ou au-delà des caps.

M. CHALÈS croit que, dans ce cas, le matelot sera porté à prolonger le plus possible son séjour à l'hôpital.

D'après les auteurs du projet de révision, le marin laissé malade doit être payé de ses gages depuis le jour de son entrée au service jusqu'au jour du désarmement. Ainsi un marin peut tomber et être laissé malade le jour même de son embarquement et le navire rester une ou plusieurs années à désarmer; dans ce cas, le marin, bien que promptement guéri, a néanmoins droit à ses loyers et aux frais de nourriture et de logement pendant tout le temps que le navire met à désarmer, sans avoir, peut-être, rendu aucun service à bord. Le navire, obligé de remplacer l'homme laissé malade, aura eu en outre à supporter les loyers et frais de son remplaçant pour le même temps.

M. Chalès fait remarquer que lorsqu'un marin anglais, malade ou blessé, ne peut continuer le voyage, le consul, sur la demande du capitaine, désigne un médecin chargé de constater l'état du malade et le temps présumable que doit réclamer son rétablissement; le consul arbitre ce temps, le capitaine laisse entre les mains du consul une somme suffisante pour satisfaire aux dépenses pour le temps fixé, et se trouve libéré de plus amples obligations.

Le capitaine américain n'est tenu qu'à déposer entre les mains du consul trois mois de gage pour toute indemnité.

Les législateurs de ces deux grandes nations maritimes étaient en même temps des hommes de science et de pratique.

M. Blanchy propose une rédaction dans ce sens; la commission l'adopte.

M. Chalès fait remarquer que s'il y a une différence soit en plus, soit en moins dans la durée de la maladie, cette différence profitera à la caisse des Invalides ou sera supportée par elle; les consuls seront toujours portés à apprécier largement en vue d'avoir plutôt à remettre des différences de cette nature à la caisse des Invalides, que d'avoir à réclamer d'elle des soldes de compte de matelots laissés.

TEXTE ACTUEL DU CODE.	MODIFICATIONS PROPOSÉES PAR LE PROJET.	PROPOSITIONS DE LA COMMISSION DE LA CHAMBRE DE COMMERCE.

Art. 263.

Le matelot est traité et pansé aux dépens du navire et du chargement, s'il est blessé en combattant contre les ennemis et les pirates.

Art. 263.

Le matelot est traité et pansé aux dépens du navire et du chargement, s'il est blessé en accomplissant un service commandé dans l'intérêt du navire et du chargement.

Adopté.

Art. 264.

Si le matelot, sorti du navire sans autorisation, est blessé à terre, les frais de ses pansement et traitement sont à sa charge : il pourra même être congédié par le capitaine. — Ses loyers, en ce cas, ne lui seront payés qu'à proportion du temps qu'il aura servi.

Art. 264.

Rédaction maintenue.

Adopté.

Art. 265.

En cas de mort d'un matelot pendant le voyage, si le matelot est engagé au mois, ses loyers sont dus à sa succession jusqu'au jour de son décès. — Si le matelot est engagé au voyage, la moitié de ses loyers est due s'il meurt en allant ou au port d'arrivée. — Le total de ses loyers est dû s'il meurt en revenant. — Si le matelot est engagé au profit ou au fret, sa part entière est due s'il meurt le voyage commencé. — Les loyers du matelot tué en défendant le navire sont dus en entier pour tout le voyage, si le navire arrive à bon port.

Art. 265.

En cas de mort d'un matelot pendant le voyage, si le matelot est engagé au mois, ses loyers sont dus à sa succession jusqu'au jour de son décès.

Si le matelot est engagé au voyage, la moitié de ses loyers est due, s'il meurt en allant ou au port d'arrivée.

Le total de ses loyers est dû s'il meurt en revenant.

Si le matelot est engagé au profit ou au fret, sa part entière est due s'il meurt après le commencement du voyage.

Les loyers du matelot tué en défendant le navire ou dans un service commandé sont dus en entier jusqu'au jour de la cessation des services de l'équipage.

Les quatre premiers paragraphes adoptés.

Le cinquième modifié ainsi qu'il suit :

Les loyers du matelot tué en défendant le navire sont dus en entier pour tout le voyage si le navire arrive à bon port.

Les articles 263 et 264 sont lus et adoptés.

Il est donné lecture de l'article 265.

Les quatre premiers paragraphes du projet sont adoptés sans observations.

Sur le cinquième et dernier paragraphe, M. Chalès observe que le matelot connaît les dangers de son métier ; que, si en serrant une voile, par exemple, il ne prend pas assez de précautions, il se laisse tomber, se tue ou se noie, il paraît équitable que ses gages soient arrêtés au moment de sa mort.

M. Chaumel appuie les idées de M. Chalès ; les loyers supposent un service rendu ; l'homme mort n'en rend plus ; en conséquence, le loyer doit être arrêté. L'État n'agit pas autrement à l'égard de ses marins et de ses soldats tués à son service. La solde et la masse sont arrêtées au jour du décès.

M. Basse propose de remplacer le dernier paragraphe du projet par le dernier paragraphe de l'article du Code, ce qui est adopté.

Art. 266.

Le matelot pris dans le navire et fait esclave ne peut rien prétendre contre le capitaine, les propriétaires, ni les affréteurs, pour le paiement de son rachat. —Il est payé de ses loyers jusqu'au jour où il est pris et fait esclave.

Art. 266.

Le matelot pris dans le navire et fait prisonnier est payé de ses loyers jusqu'au jour où il est pris.

Il a droit à l'entier paiement de ses loyers jusqu'au jour de la cessation des services de l'équipage, s'il a été envoyé à terre ou en mer pour le service du navire.

Article du Code maintenu.

Art. 267.

Le matelot pris et fait esclave, s'il a été envoyé en mer ou à terre pour le service du navire, a droit à l'entier paiement de ses loyers. — Il a droit au paiement d'une indemnité pour son rachat, si le navire arrive à bon port.

Art. 267, 268 et 269.

Supprimés.

Article du Code maintenu.

Art. 268.

L'indemnité est due par les propriétaires du navire, si le matelot a été envoyé en mer ou à terre pour le service du navire. — L'indemnité est due par les propriétaires du navire et du chargement, si le matelot a été envoyé en mer ou à terre pour le service du navire et du chargement.

Article du Code maintenu.

Art. 269.

Le montant de l'indemnité est fixé à 600 francs. — Le recouvrement et l'emploi en seront faits suivant les formes déterminées par le gouvernement, dans un règlement relatif au rachat des captifs.

Article du Code maintenu.

Il est donné lecture de l'article 266.

M. Basse fait remarquer que cet article supprime les articles 266, 267, 268 et 269 du Code. S'il est vrai qu'à notre époque, on n'ait plus sérieusement à craindre de voir enlever de bord des navires des personnes pour en faire des esclaves, il est cependant encore des contrées où la civilisation n'a point pénétré assez avant pour qu'on puisse affirmer que ce danger ait complètement disparu.

Quelques membres proposent de maintenir les articles du Code et de repousser, par suite, l'article de la sous-commission, ce qui est agréé.

TEXTE ACTUEL DU CODE.

MODIFICATIONS PROPOSÉES PAR LE PROJET.

PROPOSITIONS DE LA COMMISSION DE LA CHAMBRE DE COMMERCE.

Art. 270.

Tout matelot qui justifie qu'il est congédié sans cause valable a droit à une indemnité contre le capitaine. — L'indemnité est fixée au tiers des loyers, si le congé a lieu avant le voyage commencé. — L'indemnité est fixée à la totalité des loyers et aux frais du retour, si le congé a lieu pendant le cours du voyage. — Le capitaine ne peut, dans aucun des cas ci-dessus, répéter le montant de l'indemnité contre les propriétaires du navire. — Il n'y a pas lieu à indemnité, si le matelot est congédié avant la clôture du rôle d'équipage. — Dans aucun cas, le capitaine ne peut congédier un matelot dans les pays étrangers.

Art. 270.

Tout matelot qui justifie qu'il est congédié sans cause valable a droit à une indemnité contre le capitaine.

L'indemnité est fixée au tiers des loyers si le congé a lieu avant le voyage commencé.

L'indemnité est fixée à la totalité des loyers et aux frais de retour si le congé a lieu pendant le cours du voyage.

Le capitaine ne peut, dans aucun des cas ci-dessus, répéter le montant de l'indemnité contre les propriétaires du navire.

Le matelot a droit à une indemnité s'il est congédié après avoir contracté son engagement, alors même qu'il n'aurait pas encore été inscrit au rôle d'équipage.

Dans aucun cas le capitaine ne peut congédier un matelot dans les pays étrangers.

Art. 270.

Tout matelot engagé par écrit ou par son inscription au rôle, qui justifie être congédié sans cause valable, a droit à une indemnité contre le capitaine, équivalente à deux mois de gages s'il n'a pas reçu des avances; s'il les a reçues, elles lui sont acquises pour toute indemnité. Si le matelot est congédié en cours de voyage, l'indemnité est réglée conformément à ce qui est établi à l'article 252.

Art. 271.

Le navire et le fret sont spécialement affectés aux loyers des matelots.

Art. 271.

Le navire et les frets acquis pendant la durée de l'engagement de l'équipage sont affectés par privilége aux loyers des matelots.

Lorsque ce privilége n'aura pas été exercé sur le fret, il pourra l'être sur les biens meubles du propriétaire du navire, jusqu'à concurrence du montant des frets acquis depuis l'inscription des hommes au rôle d'équipage.

Dans ce dernier cas, le privilége sera exercé après celui des nos 1o, 2o et 3o de l'article 2101 du Code Napoléon.

Adopté.

Art. 272.

Toutes les dispositions concernant les loyers, pansement et rachat des matelots, sont communes aux officiers et à tous autres gens de l'équipage.

Art. 272.

Toutes les dispositions concernant les loyers, pansement et rapatriement des matelots, sont communes aux capitaines, officiers et à tous autres gens de l'équipage.

Adopté.

Il est donné lecture de l'article 270.

M. Chalès fait remarquer, avec juste raison, qu'il est impossible de connaître quel peut être le tiers des loyers du matelot congédié, tant qu'on ne connaît pas l'arrivée du navire à sa destination; pour déterminer une fraction, il faut forcément connaître l'entier.

M. Blanchy propose de fixer l'indemnité due au matelot congédié avant le départ à deux mois de ses loyers, s'il n'a pas reçu ses avances, ou au montant des avances dans le cas où il les aurait reçues; et, dans ce cas, le matelot serait congédié en cours de voyage, d'après les principes établis à l'article 252, ce qui est adopté.

Il est donné lecture de l'article 271.

D'après M. Basse, le matelot ne devrait pas être admis à exercer de droits sur la fortune de terre de l'armateur pour le paiement de ses loyers.

MM. Blanchy, Chaumel et Chalès observent que le fret acquis est le gage du matelot; dès que l'armateur a encaissé son fret, il en devient personnellement débiteur envers le matelot, à concurrence des gages dus.

L'article 271 et le suivant sont adoptés.

TITRES VI, VII, VIII, IX.

TITRE NOUVEAU.

DE L'HYPOTHÈQUE MARITIME.

TEXTE ACTUEL DU CODE.   MODIFICATIONS PROPOSÉES PAR LE PROJET.   PROPOSITIONS DE LA COMMISSION DE LA CHAMBRE DE COMMERCE.

TITRE VI.

DES CHARTES-PARTIES, AFFRÉTEMENT OU NOLISSEMENT.

TITRE VI.

DES CHARTES-PARTIES, NOLISSEMENT ET AFFRÉTEMENT.

ART. 273.

Toute convention pour louage d'un vaisseau, appelée *charte-partie, affrétement* ou *nolissement*, doit être rédigée par écrit. — Elle énonce : — le nom et le tonnage du navire, — le nom du capitaine, les noms du fréteur et de l'affréteur, — le lieu et le temps convenus pour la charge et pour la décharge, — le prix du fret ou nolis, — si l'affrétement est total ou partiel, — l'indemnité convenue pour les cas de retard.

ART. 273.

Le contrat d'affrétement, nolissement ou charte-partie, se constate par les moyens de preuve énoncés en l'article 109.

ART. 273.

Toute convention pour louage d'vaisseau, appelée *charte-partie, affrément* ou *nolissement*, doit être rédig par écrit. — Elle énonce : — le nom le tonnage du navire, — les noms fréteur et de l'affréteur, — le lieu temps convenus pour la charge et po la décharge, — le prix du fret ou noli — si l'affrétement est total ou partiel.

ART. 274.

Si le temps de la charge et de la décharge du navire n'est point fixé par les conventions des parties, il est réglé suivant l'usage des lieux.

ART. 274.

Les conditions qui ne sont pas déterminées par la convention sont réglées suivant l'usage des lieux.

Adopté.

ART. 275.

Si le navire est frété au mois, et s'il n'y a convention contraire, le fret court du jour où le navire a fait voile.

ART. 275.

Si le navire est frété pour une certaine période de temps, le fret court, à moins de conventions contraires, du jour du départ du navire.

Adopté.

ART. 276.

Si, avant le départ du navire, il y a interdiction de commerce avec le pays pour lequel il est destiné, les conventions sont résolues sans dommages-intérêts de part ni d'autre. Le chargeur est tenu des frais de la charge et de la décharge de ses marchandises.

ART. 276.

Si, avant le départ du navire, il survient une force majeure, telle qu'une déclaration de guerre ou une interdiction de commerce qui empêche le voyage pour lequel le navire a été frété, les conventions sont résolues sans dommages-intérêts de part ni d'autre.

Le chargeur est tenu des frais de la charge et de la décharge de ses marchandises.

ART. 276.

Si, avant le départ du navire, il survient une force majeure, telle qu'une déclaration de guerre ou une interdiction de commerce qui empêche *définitivement* le voyage pour lequel le navire a été frété, les conventions sont résolues sans dommages-intérêts de part n d'autre.

Le chargeur est tenu des frais de la charge et de la décharge de ses marchandises.

SÉANCE DU JEUDI 31 JANVIER 1867

Il est donné lecture de l'article 273.

La commission repousse les moyens de preuve énoncés en l'article 109, et se prononce pour le maintien de l'article du Code avec la suppression de l'obligation d'énoncer le nom du capitaine et l'indemnité au cas de retard, par la raison que l'armateur peut n'avoir pas de capitaine au moment du contrat, ou peut vouloir en changer avant le départ du navire, et que l'indemnité pour cause de retard doit être la réparation d'un dommage que les juges doivent apprécier selon les circonstances. L'importance des opérations d'affrètement, leur multiplicité, l'immixtion fréquente des intermédiaires et surtout la célérité que commandent les affaires maritimes, ne permettent pas d'admettre la preuve testimoniale dans les termes de l'article 109. Une difficulté survenant au moment du départ d'un navire pourrait donner lieu à de nombreuses comparutions de témoins et à toutes les formalités des enquêtes, et occasionner des retards de nature à compromettre gravement les intérêts des tiers chargeurs, étrangers au procès. Il ne paraît pas que la preuve écrite, exigée par l'article 273, ait présenté des inconvénients; les membres de la commission pensent, au contraire, qu'elle est de nature à empêcher de tristes abus.

Les articles 274 et 275 sont lus et adoptés.

Il est donné lecture de l'article 276.

La commission propose de dire : qui empêche *définitivement;* ce mot a dû se trouver dans l'esprit des rédacteurs, puisqu'il est reproduit dans les motifs. La commission croit nécessaire de l'exprimer dans la loi, afin d'éviter une confusion possible avec une force majeure d'une nature accidentelle et passagère.

Art. 277.

S'il existe une force majeure qui n'empêche que pour un temps la sortie du navire, les conventions subsistent, et il n'y a pas lieu à dommages-intérêts à raison du retard. Elles subsistent également, et il n'y a lieu à aucune augmentation de fret, si la force majeure arrive pendant le voyage.

Art. 277.

Si la force majeure n'empêche que pour un temps la sortie du navire, les conventions subsistent, et il n'y a pas lieu à dommages-intérêts à raison du retard.

Elles subsistent également, et il n'y a lieu à aucune augmentation de fret, si la force majeure arrive après le départ du navire.

Adopté.

Art. 277 bis.

S'il arrive interdiction de commerce ou déclaration de guerre avec le pays pour lequel le navire est en route, ou autre force majeure de même nature, et que le navire soit obligé de revenir avec son chargement, il n'est dû au capitaine que le fret de l'aller, quoique le navire ait été affrété pour l'aller et le retour.

Adopté.

Art. 277 ter.

Si le navire est arrêté dans le cours de son voyage sur l'ordre d'une puissance, il n'est dû aucun fret pour le temps de la détention, si le navire est affrété au mois, ni augmentation du fret, s'il est loué au voyage.

La nourriture et les loyers de l'équipage pendant la détention du navire sont réputés avaries.

Art. 277 ter.

Si le navire est arrêté dans le cours de son voyage sur l'ordre d'une puissance, il n'est dû aucun fret pour le temps de la détention, si le navire est affrété au mois, ni augmentation du fret, s'il est loué au voyage.

La nourriture et les loyers de l'équipage pendant la détention du navire sont réputés avaries *communes*.

Art. 278.

Le chargeur peut, pendant l'arrêt du navire, faire décharger ses marchandises à ses frais, à condition de les recharger ou d'indemniser le capitaine.

Art. 278.

Rédaction maintenue.

Art. 278.

Le chargeur peut, pendant l'arrêt du navire, faire décharger ses marchandises à ses frais, à condition de les recharger ou *de payer le fret convenu.*

Les articles 277 et 277 *bis* sont lus et adoptés.

Il est donné lecture de l'article 277 *ter*.

Divers membres craignent qu'il s'élève des doutes sur la nature de ces avaries et que la disposition légale de cet article donne lieu à des difficultés.

L'arrêt est un malheur commun, indépendant de la volonté de tous; il est équitable que les conséquences en soient supportées en commun, ainsi qu'il est établi aux propositions.

Il est donné lecture de l'article 278.

La commission trouve que les opinions peuvent varier sur l'indemnité due au capitaine. Si le règlement devait, dans tous les cas, en être fait en France, on aurait recours aux tribunaux. Mais si l'arrêt a lieu dans un port étranger, il y aurait, dans la pratique, de graves inconvénients. La commission croit préférable de fixer cette indemnité au montant du fret convenu. Le navire ayant fait toutes les dépenses pour effectuer le transport entier et étant obligé de continuer sur lest ou de revenir au point du départ, on ne saurait équitablement lui accorder une moindre rémunération.

TEXTE ACTUEL DU CODE.	MODIFICATIONS PROPOSÉES PAR LE PROJET.	PROPOSITIONS DE LA COMMISSION DE LA CHAMBRE DE COMMERCE.
Art. 279.	**Art. 279.**	**Art. 279.**
Dans le cas de blocus du port pour lequel le navire est destiné, le capitaine est tenu, s'il n'a des ordres contraires, de se rendre dans un des ports voisins de la même puissance où il lui sera permis d'aborder.	Dans le cas de blocus du port pour lequel le navire est destiné, ou de toute autre force majeure qui l'empêche d'entrer dans ce port, le capitaine est tenu, s'il n'a pas reçu d'ordre, ou si les ordres qu'il a reçus ne peuvent être mis à exécution, d'agir au mieux des intérêts du chargeur, soit en se rendant dans un port voisin, soit en revenant au port de départ.	Dans le cas de blocus du port pour lequel le navire est destiné, ou de toute autre force majeure, résultat du fait du prince, ce qui l'empêche d'entrer dans ce port, le capitaine est tenu, s'il n'a reçu d'ordre, ou si les ordres qu'il a reçus ne peuvent être mis à exécution, d'agir au mieux des intérêts du chargeur, soit en se rendant dans un port voisin, soit en revenant au port de départ.
Art. 280.	**Art. 280.**	
Le navire, les agrès et apparaux, le fret et les marchandises chargées, sont respectivement affectés à l'exécution des conventions des parties.	*Rédaction maintenue.*	Article du Code maintenu.

Il est passé à l'article 279.

La commission accepte la rédaction du projet, en ajoutant : *force majeure résultant des faits du prince.*

Ou de toute autre force majeure a paru à la commission une expression trop générale, en ce sens qu'elle peut comprendre les empêchements résultant de l'état des lieux, tel que le changement d'une passe ou l'exhaussement d'une barre; dans ce cas, le capitaine doit alléger son navire de manière à pouvoir entrer dans le port.

L'article 280 est maintenu.

| |

TITRE VII.

DU CONNAISSEMENT.

ART. 281.

Le connaissement doit exprimer la nature et la quantité, ainsi que les espèces ou qualités des objets à transporter. — Il indique : — le nom du chargeur, — le nom et l'adresse de celui à qui l'expédition est faite, — le nom et le domicile du capitaine, — le nom et le tonnage du navire, — le lieu du départ et celui de la destination. — Il énonce le prix du fret. — Il présente en marge les marques et numéros des objets à transporter. — Le connaissement peut être à ordre, ou au porteur, ou à personne dénommée.

ART. 281.

Le connaissement doit exprimer la nature et la quantité des objets à transporter.

Il indique :

Le nom du chargeur ;

Le nom, la nationalité et le tonnage du navire ;

Le nom et le domicile du capitaine ;

Le lieu du départ et celui de la destination.

Il présente en marge les marques et numéros des objets à transporter.

Il énonce le prix du fret, à moins qu'il ne se réfère à la charte-partie.

Le connaissement peut être à ordre, ou au porteur, ou à personne dénommée.

ART. 281.

Le connaissement doit exprimer la nature et la quantité des objets à transporter.

Il indique :

Le nom du chargeur ;

Le nom et la nationalité du navire ;

Le nom du capitaine ;

Le lieu du départ et celui de la destination.

Il présente en marge les marques et numéros des objets à transporter.

Il énonce le prix du fret, à moins qu'il ne se réfère à la charte-partie.

Le connaissement peut être à ordre ou au porteur, ou à personne dénommée ; les clauses qu'il renferme sont seules obligatoires entre les capitaines et tiers porteurs.

L'article 281 est lu.

La commission propose de supprimer deux indications au connaissement non admises par l'usage, d'ailleurs sans utilité. Si le tonnage du navire intéresse le chargeur, c'est avant de contracter l'affrétement qu'il doit s'en préoccuper, et non après que sa marchandise est chargée; quant au domicile du capitaine, il est légalement à bord de son navire, il n'y a donc pas lieu de l'indiquer.

M. CHAUMEL rappelle qu'il est d'usage, dans les affrétements, que l'affréteur demande, dans son intérêt, que le capitaine s'oblige à signer les connaissements à tel prix de fret qui y sera stipulé, sans avoir égard au prix convenu par la charte-partie; qu'il est résulté de cet usage de graves difficultés; les tiers porteurs des connaissements prétendaient n'avoir à payer que le fret stipulé au connaissement, tandis que le capitaine réclamait le prix convenu par la charte-partie. M. Chaumel pense qu'il serait opportun de fixer les droits de chacun par une disposition spéciale; cette proposition est adoptée.

L'article, ainsi modifié, est adopté.

TEXTE ACTUEL DU CODE.	MODIFICATIONS PROPOSÉES PAR LE PROJET.	PROPOSITIONS DE LA COMMISSION DE LA CHAMBRE DE COMMERCE.
ART. 282.	**ART. 282.**	**ART. 282.**
Chaque connaissement est fait en quatre originaux au moins : un pour le chargeur, — un pour celui à qui les marchandises sont adressées, — un pour le capitaine, — un pour l'armateur du bâtiment. — Les quatre originaux sont signés par le chargeur et par le capitaine, dans les vingt-quatre heures après le chargement. — Le chargeur est tenu de fournir au capitaine, dans le même délai, les acquits des marchandises chargées.	Le connaissement est fait en autant d'originaux que l'exige le chargeur.	Le connaissement est fait en autant d'originaux que l'exige le chargeur.
	Il ne peut être fait en moins de trois originaux, un pour le chargeur, un pour celui à qui les marchandises sont adressées, un pour le capitaine.	Chaque original doit énoncer en combien d'originaux le connaissement est fait.
	Chaque original doit énoncer en combien d'originaux le connaissement est fait.	Il est remis au capitaine une copie du connaissement signé par le chargeur portant la mention : *Copie du capitaine*.
	L'original du connaissement destiné au capitaine est signé par le chargeur; les autres originaux sont signés par le capitaine.	Le connaissement doit être signé dans les vingt-quatre heures du chargement.
	Les originaux autres que celui destiné au capitaine portent un numéro d'ordre.	Le chargeur est tenu de fournir dans le même délai au capitaine les acquits des marchandises chargées.
	Le connaissement doit être signé dans les vingt-quatre heures du chargement.	
	Le chargeur est tenu de fournir dans le même délai au capitaine les acquits des marchandises chargées.	

Il est donné lecture de l'article 282.

Il ne paraît pas à la commission utile de fixer le nombre minimum des connaissements; c'est au chargeur à le déterminer suivant ses besoins. La commission a pensé utile de ne donner au connaissement du capitaine que la valeur d'une copie destinée uniquement à constater les obligations du chargeur, sans pouvoir, en aucun cas, servir à retirer la marchandise.

L'usage s'est établi de donner les connaissements en garantie d'une traite tirée par le chargeur sur le destinataire. Le preneur de la traite n'est réellement nanti qu'à la condition qu'il ait tous les exemplaires du connaissement pouvant servir à retirer la marchandise.

Sous l'empire de la législation actuelle, le porteur des traites a tous les exemplaires des connaissements moins un, à l'aide duquel néanmoins le déchargement et la libération du capitaine pourraient avoir lieu. Cette circonstance a souvent donné lieu à des difficultés au moment de la négociation des traites garanties par un chargement de marchandises, les banques anglaises exigeant le nombre des exemplaires indiqués au connaissement.

Ces diverses considérations paraissent à la commission de nature à justifier l'adoption de l'usage anglais sur cette matière.

La commission croit également qu'il convient de retrancher de cet article les dispositions relatives aux numéros d'ordre, embarrassantes, sans utilité, en désaccord avec ce qui se pratique chez les principales nations maritimes; ce serait une complication sans nécessité bien démontrée.

L'article, modifié dans ce sens, est adopté.

TEXTE ACTUEL DU CODE.	MODIFICATIONS PROPOSÉES PAR LE PROJET.	PROPOSITIONS DE LA COMMISSION DE LA CHAMBRE DE COMMERCE.

ART. 283.

Le connaissement rédigé dans la forme ci-dessus prescrite fait foi entre toutes les parties intéressées au chargement, et entre elles et les assureurs.

ART. 283.

Rédaction maintenue.

Adopté.

ART. 284.

En cas de diversité entre les connaissements d'un même chargement, celui qui sera entre les mains du capitaine fera foi, s'il est rempli de la main du chargeur, ou de celle de son commissionnaire; et celui qui est présenté par le chargeur ou le consignataire sera suivi, s'il est rempli de la main du capitaine.

ART. 284.

En cas de diversité entre le connaissement du capitaine et ceux du chargeur, chaque original fait foi contre la partie qui l'a signé. En cas de diversité entre les connaissements du chargeur, chaque original fait foi, jusqu'à preuve contraire, dans l'ordre des numéros.

ART. 284.

En cas de diversité entre les conna sements d'un même chargement et copie des connaissements signée chargeur, dont le capitaine est porte comme il est dit à l'article 282, foi due à la copie.

ART. 284 *bis.*

Le porteur du connaissement, même en vertu d'un endossement irrégulier ou en blanc, a seul le droit de se faire délivrer le chargement par le capitaine.

S'il se présente plusieurs réclamateurs porteurs de divers numéros d'un même connaissement, le capitaine doit s'adresser, en France, au tribunal de commerce; en pays étranger, au consul de France ou au magistrat du lieu, pour faire nommer un consignataire auquel il fera la délivrance du chargement contre le paiement du fret.

Le capitaine se pourvoira de la même manière, encore bien qu'un seul réclamateur se présente, si ce porteur n'étant pas porteur de l'original n° 1, il y a opposition à la délivrance de la marchandise au porteur d'un autre numéro.

A défaut d'opposition, et si un seul réclamateur se présente, le capitaine doit lui remettre la marchandise, quel que soit le numéro de l'original produit.

Supprimé.

ART. 284 *ter.*

S'il est produit plusieurs exemplaires non numérotés d'un connaissement, le capitaine doit se pourvoir à l'effet de faire nommer un consignataire, ainsi qu'il est dit en l'article précédent.

Supprimé.

L'article 283 est lu et adopté.

Il est donné lecture de l'article 284.

La commission est d'avis de supprimer le dernier paragraphe comme conséquence de ce qui a été proposé à l'article 282. Un membre fait remarquer que si, en cas de diversité entre ces connaissements et la copie de ces connaissements dont le capitaine est porteur, chaque titre fait foi, toute difficulté survenant entre le destinataire et le capitaine deviendrait insoluble; qu'il est, dès lors, indispensable de déterminer lequel des titres sera préféré. La commission est d'avis que foi doit être due au titre dont le capitaine est porteur.

L'article, ainsi modifié, est adopté.

Il est passé à l'article 284 *bis*, dont la suppression est proposée par suite de la non adoption de l'article du projet, qui oblige à numéroter les connaissements.

Le troisième paragraphe autorise le porteur du connaissement n° 1 à retirer la marchandise et à en disposer alors même qu'il y a opposition. Cette préférence paraît dangereuse à cause des conséquences regrettables qu'elle pourrait produire. Le connaissement n° 1 peut, comme tous les autres, tomber en des mains infidèles; dans ce cas, il est désirable qu'il soit possible, au moyen d'une opposition formée en temps utile, d'empêcher la délivrance de la marchandise et de sauvegarder des intérêts légitimes.

Les articles 284 *bis* et 284 *ter* sont supprimés.

TEXTE ACTUEL DU CODE.

MODIFICATIONS PROPOSÉES PAR LE PROJET.

PROPOSITIONS DE LA COMMISSION DE LA CHAMBRE DE COMMERCE.

Art. 284 quater.

En cas de naufrage ou de relâche forcée d'un navire parti d'Europe pour un port hors d'Europe, tout porteur d'un connaissement, quel qu'en soit d'ailleurs le numéro, et alors même qu'il serait à personne dénommée, peut exercer tous les droits du chargeur, se faire délivrer la marchandise par le capitaine et en toucher le produit, en se faisant autoriser, en France, par le tribunal de commerce; en pays étranger, par le consul de France ou par le magistrat du lieu, qui prescrira telles mesures conservatoires des droits des tiers qu'il jugera convenables.

Supprimé.

Art. 285.

Tout commissionnaire ou consignataire qui aura reçu les marchandises mentionnées dans les connaissements ou chartes-parties sera tenu d'en donner reçu au capitaine qui le demandera, à peine de tous dépens, dommages-intérêts, même de ceux de retardement.

Art. 285.

Rédaction maintenue.

Adopté.

Il est donné lecture de l'article 284 *quater.*

Les auteurs du projet de révision croient justifier la disposition nouvelle en disant que l'intervention de la justice doit obvier à tous les inconvénients; la commission ne partage pas cette opinion.

Si un capitaine, parti d'un port de France pour un pays étranger, entré en relâche, est tenu de délivrer son chargement sur la production d'un des exemplaires des connaissements qu'il a signés, le destinataire dénommé au connaissement se présentera plus tard avec son titre parfaitement régulier pour réclamer sa marchandise dont seul il pouvait disposer aux termes du contrat formé entre le chargeur et le capitaine; il est probable que, dans ce cas, les juges étrangers seraient sans égard. pour la législation française, et que le capitaine serait condamné à payer la marchandise s'il ne la pouvait livrer.

L'article est supprimé.

L'article 285 est lu et maintenu.

TITRE VIII.

DU FRET OU NOLIS.

Art. 286.

Le prix du loyer d'un navire ou autre bâtiment de mer est appelé *fret* ou *nolis*. — Il est réglé par les conventions des parties. — Il est constaté par la charte-partie ou par le connaissement. — Il a lieu pour la totalité ou pour partie du bâtiment, pour un voyage entier ou pour un temps limité, au tonneau, au quintal, à forfait ou à cueillette, avec désignation du tonnage du vaisseau.

Art. 286.

Le fret ou nolis est le prix du loyer d'un navire.

Il est réglé par la convention des parties.

Il est constaté par la charte-partie ou par le connaissement, sans préjudice des autres moyens de preuve énoncés dans l'article 273.

Il peut être convenu pour la totalité ou pour partie d'un navire, pour un ou plusieurs voyages, pour une ou plusieurs périodes de temps, à forfait, au tonneau, ou pour toute autre mesure de poids ou de capacité.

Adopté, sauf, au troisième paragraphe, la modification suivante : sans préjudice des autres moyens de preuve *par écrit*.

Art. 287.

Si le navire est loué en totalité, et que l'affréteur ne lui donne pas toute sa charge, le capitaine ne peut prendre d'autres marchandises sans le consentement de l'affréteur. — L'affréteur profite du fret des marchandises qui complètent le chargement du navire qu'il a entièrement affrété.

Art. 287.

Si le navire est loué en totalité, le capitaine ne peut prendre des marchandises sans le consentement de l'affréteur, même dans la cabine et autres lieux réservés à l'équipage, encore bien que l'affréteur n'ait pas donné toute sa charge au navire.

L'affréteur profite du fret des marchandises indûment chargées par le capitaine, sans préjudice, s'il y a lieu, de tels dommages-intérêts qu'il appartiendra.

Adopté.

L'article 286 est lu.

Sa rédaction est adoptée par la commission, sauf en ce qui concerne les moyens de preuve admis par l'article 273, qu'elle trouve préférable de remplacer par les moyens de la preuve écrite.

L'article 287 est lu et adopté.

Art. 288.

L'affréteur qui n'a pas chargé la quantité de marchandises portée par la charte-partie est tenu de payer le fret en entier et pour le chargement complet auquel il s'est engagé. — S'il en charge davantage, il paie le fret de l'excédant sur le prix réglé par la charte-partie. — Si cependant l'affréteur, sans avoir rien chargé, rompt le voyage avant le départ, il paiera en indemnité, au capitaine, la moitié du fret convenu par la charte-partie pour la totalité du chargement qu'il devait faire. — Si le navire a reçu une partie de son chargement, et qu'il parte à demi-charge, le fret entier sera dû au capitaine.

Art. 288.

L'affréteur qui n'a pas chargé la quantité de marchandises portées par la charte-partie est tenu de payer le fret en entier et pour le chargement complet auquel il s'est engagé.

S'il en charge davantage, il paie le fret de l'excédant sur le prix réglé par la charte-partie.

L'affréteur peut toujours rompre la convention avant le départ du navire en payant la moitié du fret convenu pour la totalité du chargement qu'il devait faire.

Si avant la rupture l'affréteur a déjà chargé des marchandises, il supportera en outre les frais de charge et de décharge de ses marchandises, ainsi que ceux de décharge et de rechargement des autres marchandises qu'il faudrait déplacer, et de plus, s'il y a lieu, l'indemnité du retardement.

Art. 288.

L'affréteur qui s'est engagé pour chargement complet du navire et qui l'a pas complété doit le fret en ent sur le vide.

Le chargeur à la cueillette qui complète pas le chargement pour lequ il s'est engagé doit le demi-fret sur quantité non chargée.

Si, après y avoir été dûment autori il en charge davantage, il paie le f de l'excédant sur le prix réglé par charte-partie.

L'affréteur, pour un chargement c tier ou à la cueillette, peut toujo rompre la convention avant le dép du navire en payant la moitié du f convenu pour la totalité du chargeme qu'il devait faire.

Si, avant la rupture, l'affréteur a d chargé des marchandises, il support en outre les frais de charge et de charge de ses marchandises, ou seu ment ceux de décharge et de recha gement des autres marchandises q faudrait déplacer, et de plus, s'il y lieu, l'indemnité du retardement.

Art. 289.

Le capitaine qui a déclaré le navire d'un plus grand port qu'il n'est est tenu des dommages-intérêts envers l'affréteur.

Art. 289.

Rédaction maintenue.

Adopté.

Art. 290.

N'est réputé y avoir erreur en la déclaration du tonnage d'un navire, si l'erreur n'excède un quarantième ou si la déclaration est conforme au certificat de jauge.

Art. 290.

Rédaction maintenue.

Adopté.

Il est donné lecture de l'article 288.

La commission, tout en approuvant l'esprit de l'article 288 du projet, ne trouve pas dans sa rédaction que les situations d'affréteurs pour le complet chargement d'un navire et celle de chargeurs à la cueillette soient suffisamment distinctes; en conséquence, et en vue de les mieux préciser, la commission a adopté la rédaction proposée par l'un de ses membres.

L'article, ainsi modifié, est adopté.

Les articles 289 et 290 sont lus et maintenus.

TEXTE ACTUEL DU CODE.	MODIFICATIONS PROPOSÉES PAR LE PROJET.	PROPOSITIONS DE LA COMMISSION DE LA CHAMBRE DE COMMERCE.

ART. 291.

Si le navire est chargé à cueillette, soit au quintal, au tonneau ou à forfait, le chargeur peut retirer ses marchandises, avant le départ du navire, en payant le demi-fret. Il supportera les frais de charge, ainsi que ceux de décharge et de rechargement des autres marchandises qu'il faudrait déplacer, et ceux du retardement.

ART. 291.

Joint à l'article 288.

ART. 291.

Le capitaine qui ne pourra recevoir son bord la quantité de marchand qu'il s'est engagé à transporter de au chargeur la demi du fret conven titre d'indemnité.

ART. 292.

Le capitaine peut faire mettre à terre, dans le lieu du chargement, les marchandises trouvées dans son navire, si elles ne lui ont point été déclarées, ou en prendre le fret au plus haut prix qui sera payé dans le même lieu pour les marchandises de même nature.

ART. 292.

Le capitaine peut faire mettre à terre, dans le lieu du chargement seulement, les marchandises trouvées dans son navire, si elles ne lui ont pas été déclarées. La mise à terre a lieu aux frais du chargeur, sans préjudice, s'il y a lieu, de plus amples dommages-intérêts.

Si les marchandises non déclarées sont transportées à destination, le capitaine aura droit à un fret double de celui qui lui sera dû pour les marchandises de même nature qui lui auront été déclarées.

ART. 292.

Le capitaine peut faire mettre à ter dans le lieu du chargement seuleme les marchandises chargées sur son n vire sans conventions ou autorisatio préalables. La mise à terre a lieu frais du chargeur, sans préjudice, s'i a lieu, de plus amples dommages-in rêts.

Si les marchandises non déclaré sont transportées à destination, le cap taine aura droit à un fret double de ce qui lui sera dû pour les marchandis de même nature qui lui auront été d clarées.

Il est donné lecture de l'article 291.

Les auteurs du projet ont fusionné cet article avec l'article 288.

La commission reconnaît qu'il y a lieu de régler, par une disposition légale, le cas où le capitaine ne peut recevoir à son bord la quantité de marchandises qu'il s'est engagé à transporter. Il lui paraît juste que le capitaine soit soumis en ce cas à une indemnité égale à celle qui frappe l'affréteur qui ne charge pas ce qu'il a promis.

L'article nouveau est adopté.

SÉANCE DU LUNDI 4 FÉVRIER 1867

Il est donné lecture de l'article 292.

M. Cortès trouve excessif que le capitaine puisse faire débarquer des marchandises chargées si elles ne lui ont pas été déclarées. M. Cortès se demande si le reçu de bord ne devrait pas être considéré comme la justification d'une déclaration faite au capitaine, puisque le reçu a été fourni par son délégué.

MM. Chaumel et Chalès ne pensent pas que le reçu de bord doive être considéré comme une autorisation de charger ou puisse tenir lieu de bordereau; le reçu de bord n'indique aucune des conditions qui constituent le contrat d'affrétement.

M. Cortès objecte que, dans bien des cas, le courtier ne donne pas de bordereau; qu'il autorise verbalement le chargement, et que des marchandises sont quelquefois chargées sans qu'il soit retiré de reçu de bord.

M. Buhan fait observer que les marchandises en réexportation, ne donnant pas lieu à la prise de permis chez le courtier, peuvent être

27

chargées à l'insu du capitaine, et que, s'il est chargé des marchandises sans en retirer un reçu de bord, le chargeur s'expose à ne pas pouvoir justifier le chargé.

M. Chaumel propose de modifier la rédaction du projet, et de dire que le capitaine peut faire débarquer les marchandises chargées sur son navire sans conventions ou autorisations préalables.

La commission adopte l'article ainsi modifié.

TEXTE ACTUEL DU CODE.	MODIFICATIONS PROPOSÉES PAR LE PROJET.	PROPOSITIONS DE LA COMMISSION DE LA CHAMBRE DU COMMERCE.
Art. 293.	**Art. 293.**	**Art. 293.**
Le chargeur qui retire ses marchandises pendant le voyage est tenu de payer le fret en entier et tous les frais de déplacement occasionnés par le déchargement; si les marchandises sont retirées pour cause des faits ou des fautes du capitaine, celui-ci est responsable de tous les frais.	Si le navire, après son départ, entre dans un port de relâche, le chargeur peut toujours retirer ses marchandises, en payant le fret entier et tous les frais de déplacement occasionnés par le chargement. Le capitaine est responsable de tous les frais, et peut même être passible de dommages-intérêts, si les marchandises sont retirées pour cause de ses faits ou de ses fautes.	Le chargeur qui retire ses marchandises pendant le voyage est tenu de payer le fret en entier et tous les frais de déplacement et retard occasionnés par le déchargement, sans préjudice des droits du capitaine sur la marchandise ou d'avaries grosses; si les marchandises sont retirées pour cause des faits ou fautes du capitaine, celui-ci est responsable de tous les frais.
Art. 294.	**Art. 294.**	
Si le navire est arrêté au départ, pendant la route ou au lieu de sa décharge, par le fait de l'affréteur, les frais du retardement sont dus par l'affréteur. Si, ayant été frété pour l'aller et le retour, le navire fait son retour sans chargement ou avec un chargement incomplet, le fret entier est dû au capitaine, ainsi que l'intérêt du retardement.	*Rédaction maintenue.*	Adopté.
Art. 295.	**Art. 295.**	
Le capitaine est tenu des dommages-intérêts envers l'affréteur, si, par son fait, le navire a été arrêté ou retardé au départ, pendant sa route ou au lieu de sa décharge. Ces dommages-intérêts sont réglés par des experts.	Le capitaine est tenu de dommages-intérêts envers l'affréteur, si, par son fait, le navire a été arrêté ou retardé au départ, pendant sa route ou au lieu de décharge.	Adopté.
Art. 296.	**Art. 296.**	
Si le capitaine est contraint de faire radouber le navire pendant le voyage, l'affréteur est tenu d'attendre ou de payer le fret en entier. Dans le cas où le navire ne pourrait être radoubé, le capitaine est tenu d'en louer un autre. Si le capitaine n'a pu louer un autre navire, le fret n'est dû qu'à proportion de ce que le voyage est avancé.	Si le capitaine est contraint de faire réparer le navire pendant le voyage, l'affréteur est tenu d'attendre ou de payer le fret entier. Si le navire n'est pas susceptible d'être réparé, le fret est réglé ainsi qu'il est dit en l'article 302.	Adopté.
Art. 297.	**Art. 297.**	
Le capitaine perd son fret et répond des dommages-intérêts de l'affréteur, si celui-ci prouve que, lorsque le navire a fait voile, il était hors d'état de naviguer. La preuve est admissible, nonobstant et contre les certificats de visite au départ.	Le capitaine perd son fret et répond des dommages-intérêts de l'affréteur, si celui-ci prouve que, lorsque le navire est parti, il n'était pas en bon état de navigabilité. La preuve est inadmissible nonobstant et contre le certificat de visite au départ.	Adopté.

Il est donné lecture de l'article 293.

M. Chaumel propose, au cas d'avaries communes, de réserver les droits du capitaine à la contribution des marchandises retirées; sa proposition est adoptée.

Il est donné lecture des articles 294 à 305; la commission les adopte tels qu'ils sont proposés.

Art. 298.

Le fret est dû pour les marchandises que le capitaine a été contraint de vendre pour subvenir aux victuailles, radoub et autres nécessités pressantes du navire, en tenant par lui compte de leur valeur, au prix que le reste, ou autre pareille marchandise de même qualité, sera vendu au lieu de la décharge, si le navire arrive à bon port. — Si le navire se perd, le capitaine tiendra compte des marchandises sur le pied qu'il les aura vendues, en retenant également le fret porté aux connaissements. — Sauf, dans ces deux cas, le droit réservé aux propriétaires de navire par le paragraphe 2 de l'article 216. — Lorsque de l'exercice de ce droit résultera une perte pour ceux dont les marchandises auront été vendues ou mises en gage, elle sera répartie au marc le franc sur la valeur de ces marchandises et de toutes celles qui sont arrivées à leur destination ou qui ont été sauvées du naufrage postérieurement aux événements de mer qui ont nécessité la vente ou la mise en gage.

Art. 298

Le fret est dû pour les marchandises que le capitaine a été contraint de vendre ou d'engager pour subvenir aux victuailles, réparations et autres nécessités pressantes du navire, si le navire arrive ensuite à bon port.

Dans ce cas, le capitaine doit tenir compte à l'affréteur des marchandises vendues suivant leur valeur au lieu de la décharge.

Adopté.

Art. 299.

S'il arrive interdiction de commerce avec le pays pour lequel le navire est en route, et qu'il soit obligé de revenir avec son chargement, il n'est dû au capitaine que le fret de l'aller, quoique le vaisseau ait été affrété pour l'aller et le retour.

Art. 299.

(Devenu l'article 277 bis.)

Adopté.

Art. 300.

Si le vaisseau est arrêté dans le cours de son voyage par l'ordre d'une puissance, — il n'est dû aucun fret pour le temps de sa détention, si le navire est affrété au mois, ni augmentation de fret, s'il est loué au voyage. — La nourriture et les loyers de l'équipage pendant la détention du navire sont réputés avaries.

Art. 300.

(Devenu l'article 277 ter.)

Adopté.

Art. 301.

Le capitaine est payé du fret des marchandises jetées à la mer pour le salut commun, à la charge de contribution.

Art. 301.

Rédaction maintenue.

Adopté.

Art. 302.

Il n'est dû aucun fret pour les marchandises perdues par naufrage ou échouement, pillées par des pirates ou prises par les ennemis. — Le capitaine est tenu de restituer le fret qui lui aura été avancé, s'il n'y a convention contraire.

Art. 302.

Il n'est dû aucun fret pour les marchandises perdues par naufrage ou autre fortune de mer, pillées par les pirates ou prises par l'ennemi. Le fret payé d'avance sera restitué, s'il n'y a convention contraire.

Il n'est dû aucun fret pour les marchandises qui, après naufrage ou déclaration d'innavigabilité du navire, ne seront pas parvenues à destination par un autre navire.

Si les marchandises, après le naufrage ou la déclaration d'innavigabilité du navire, parviennent à destination par un autre navire, à un fret moindre que celui qui avait été convenu avec le capitaine du navire naufragé ou déclaré innavigable, la différence en moins doit être payée à ce capitaine. Mais il ne lui est rien dû si le nouveau fret est égal ou supérieur à celui qui avait été convenu avec lui.

Adopté.

Art. 303.

Si le navire et les marchandises sont rachetés, ou si les marchandises sont sauvées du naufrage, le capitaine est payé du fret jusqu'au lieu de la prise ou du naufrage. — Il est payé du fret entier en contribuant au rachat, s'il conduit les marchandises au lieu de leur destination.

Art. 303.

Il n'est dû aucun fret pour les marchandises perdues, pillées ou prises, alors même qu'elles sont sauvées ou rachetées, à moins qu'elles ne soient ensuite parvenues à leur destination, ainsi qu'il est dit en l'article précédent, et à la condition par le capitaine d'avoir contribué au sauvetage ou au rachat.

Adopté.

Art. 304.

La contribution pour le rachat se fait sur le prix courant des marchandises au lieu de leur décharge, déduction faite des frais, et sur la moitié du navire et du fret.

Les loyers des matelots n'entrent point en contribution.

Art. 304.

Rédaction maintenue.

Adopté.

Art. 305.

Si le consignataire refuse de recevoir les marchandises, le capitaine peut, par autorité de justice, en faire vendre pour le paiement de son fret, et faire ordonner le dépôt du surplus. — S'il y a insuffisance, il conserve son recours contre le chargeur.

Art. 305.

Si aucun réclamateur ne se présente pour se faire délivrer les marchandises, ou si le destinataire refuse de les recevoir, le capitaine peut, par autorité de justice, en faire vendre pour le paiement de son fret, et faire ordonner le dépôt du surplus.

S'il y a insuffisance, il conserve son recours contre le chargeur.

Adopté.

TEXTE ACTUEL DU CODE.	MODIFICATIONS PROPOSÉES PAR LE PROJET.	PROPOSITIONS DE LA COMMISSION DE LA CHAMBRE DE COMMERCE.

ART. 306.

Le capitaine ne peut retenir les marchandises dans son navire faute de paiement de son fret. Il peut, dans le temps de la décharge, demander le dépôt en mains tierces jusqu'au paiement de son fret.

ART. 306.

Rédaction maintenue.

ART. 306.

Le capitaine ne peut retenir les marchandises dans son navire faute de paiement, ou le dépôt de marchandise en mains tierces jusqu' paiement de son fret.

ART. 307.

Le capitaine est préféré, pour son fret, sur les marchandises de son chargement, pendant quinzaine après leur délivrance, si elles n'ont passé en mains tierces.

ART. 307.

Le capitaine est privilégié pour son fret, sur les marchandises de son chargement, pendant quinzaine après leur délivrance, si elles n'ont passé en mains tierces.

Adopté.

ART. 308.

En cas de faillite des chargeurs ou réclamateurs avant l'expiration de la quinzaine, le capitaine est privilégié sur tous les créanciers pour le paiement de son fret et des avaries qui lui sont dues.

ART. 308.

En cas de faillite du réclamateur avant l'expiration de la quinzaine, le capitaine est privilégié sur tous les créanciers pour le paiement de son fret et des contributions d'avaries qui lui sont dues.

Adopté.

ART. 309.

En aucun cas le chargeur ne peut demander de diminution sur le prix du fret.

ART. 309.

Supprimé.

Suppression adoptée.

ART. 310.

Le chargeur ne peut abandonner pour le fret les marchandises diminuées de prix ou détériorées par leur vice propre ou par cas fortuit. — Si toutefois des futailles contenant vin, huile, miel et autres liquides, ont tellement coulé qu'elles soient vides, ou presque vides, lesdites futailles pourront être abandonnées pour le fret.

ART. 310.

Le chargeur peut abandonner pour le fret les marchandises avariées par l'eau de mer ou autres accidents de la traversée.

Il ne peut abandonner pour le fret les marchandises diminuées de prix ou détériorées par leur vice propre.

Si toutefois des futailles contenant vin, huile, miel ou autres liquides ont tellement coulé qu'elles soient vides ou presque vides, lesdites futailles pourront être abandonnées pour le fret.

ART. 310.

Le chargeur ne peut abandonner po le fret les marchandises diminuées prix ou détériorées par leur vice prop ou par cas fortuit.

L'article 306, adopté, donne lieu, de la part de M. Chaumel, à une proposition de modification de rédaction que la commission accepte.

L'article 307 est lu et adopté.

Il est donné lecture de l'article 308.

M. Chalès pense que l'article précédent comprend toutes les dispositions de l'article 308.

MM. Cortès, Buhan et Chaumel ne trouvent pas que les deux articles s'appliquent à une même situation; ils trouvent juste et équitable qu'en cas de faillite du destinataire, le capitaine, qui apporte aux créanciers des marchandises, soit privilégié pour le paiement de son fret et des contributions qui lui sont dues.

L'article est adopté.

L'article 309 est lu et supprimé.

Il est donné lecture de l'article 310.

Les membres de la commission sont unanimes pour refuser au chargeur la faculté d'abandonner, pour le fret, la marchandise avariée par l'eau de mer ou tout autre accident de la traversée. Cette faculté conduirait à rejeter sur le capitaine les conséquences de la fortune de mer et des cas de force majeure, tels que les accidents causés par la tempête et même par la foudre. La loi rend le capitaine responsable de ses fautes dans l'exercice de ses fonctions; ce serait dépasser l'esprit de la loi et même de l'équité que d'étendre sa responsabilité à des accidents qu'il n'a pu ni prévoir ni empêcher.

L'article du projet est repoussé.

MM. Chalès et Chaumel proposent de maintenir la première partie de l'article 310 du Code, et d'en supprimer celle qui autorise le chargeur à abandonner, pour le fret, les futailles de liquides arrivées vides ou presque vides. Lorsque les futailles arrivent vides par vice d'arrimage, le capitaine en est responsable, par l'application du principe qui veut que chacun soit tenu de réparer le préjudice qu'il occasionne. Mais lorsque les futailles arrivent dans cet état de vidange par fortune de mer ou par la nature de la marchandise, très-difficile à maintenir dans les fûts, telle que huiles, graisses et mélasses, ou bien encore par vice de fûts, souvent trop minces pour pouvoir résister à la pression, il n'est pas admissible que le capitaine en supporte les conséquences par la perte de son fret.

L'article 310, borné à sa première partie, est adopté.

30

TITRE NOUVEAU.

DE L'HYPOTHÈQUE MARITIME.

1.

Les navires peuvent être hypothéqués conventionnellement à la garantie d'un prêt.

Adopté.

2.

Le contrat d'hypothèque maritime doit être rédigé par écrit.

Il peut être fait par acte sous signatures privées.

Adopté.

3.

L'emprunt hypothécaire ne peut être fait que par les propriétaires représentant la moitié au moins de la propriété du navire et sur leur part de propriété.

Il ne peut être fait que par les propriétaires ou par des mandataires justifiant d'un mandat spécial.

3.

L'emprunt hypothécaire peut être fait par tout copropriétaire porté sur l'acte de francisation sur la part qu'il amen

SÉANCE DU JEUDI 14 FÉVRIER 1867

— – – —

La commission est appelée à examiner le titre nouveau de l'hypothèque maritime.

Divers membres prennent successivement la parole; les uns ne pensent pas que le navire, en sa qualité de meuble, puisse être objet à hypothèque; d'autres, au contraire, assimilent le navire aux immeubles, puisque le navire, comme l'immeuble, ne peut passer d'un propriétaire à un autre sans un transfert authentique; d'où ils tirent cette conséquence, que le navire peut devenir l'objet d'une hypothèque.

Les propriétaires de marchandises jouissent, à la faveur des warrants, de la faculté d'emprunter par hypothèque sur leur capital; la même faculté doit être assurée aux propriétaires de navire, avec d'autant plus de raison que leur capital repose sur chose moins meuble que la marchandise.

La commission admet, en principe, l'hypothèque maritime, et passe à l'examen des divers articles composant ce titre nouveau.

Les articles 1 et 2 sont lus et adoptés.

Il est donné lecture de l'article 3.

M. BUHAN se demande, l'hypothèque étant admise, pourquoi on en restreindrait la faculté aux seuls propriétaires représentant la moitié au moins du navire.

La propriété à l'égard des tiers étant constituée par acte de francisation, tous ceux qui figurent dans cet acte comme propriétaires devraient pouvoir hypothéquer la part qui leur appartient, cette hypothèque ne devant jamais entraver l'administration de la chose appartenant de droit à la majorité des propriétaires.

MM. CHALÈS et CHAUMEL pensent, avec M. Buhan, que la faculté

d'hypothéquer sa part doit être réservée à tout propriétaire porté sur l'acte de francisation, tout comme il lui est loisible de la vendre sans que cela porte atteinte soit à l'intérêt de ses copropriétaires, soit à l'administration de la chose. La loi doit être la même pour tous et étendre ses faveurs à tous les intéressés, sans acception de la quotité de leur intérêt.

La commission approuve les observations présentées par MM. Buhan, Chalès et Chaumel; la rédaction, modifiée dans ce sens, est adoptée.

M. CHAUMEL propose de supprimer le second paragraphe. Il est certain qu'il n'y a que le propriétaire ou son mandataire qui puisse valablement emprunter par hypothèque sur sa propriété; il est, dès lors, superflu de le dire. Le paragraphe est supprimé.

4.

L'emprunt hypothécaire ne peut pas être fait séparément sur les agrès, apparaux, armement, victuailles, fret, ni sur les autres accessoires du navire.

Il peut être fait séparément sur la propriété du navire, avec exclusion de tout ou partie desdits accessoires.

Si aucune exception n'est stipulée, tous les accessoires sont affectés à la garantie du prêt.

Supprimé.

5.

L'hypothèque maritime peut être constituée soit sur un navire en construction, soit sur un navire francisé.

Elle peut être donnée en garantie d'un prêt dont le remboursement serait à époques fixes ou subordonné à la durée d'un ou de plusieurs voyages.

Elle peut être affectée à la garantie d'une ouverture de crédit.

Adopté.

6.

L'hypothèque est rendue publique par l'inscription sur un registre spécial tenu par le receveur des douanes du lieu où le navire est en construction, ou de celui où il est francisé.

Si le navire est francisé, l'inscription est mentionnée par le receveur des douanes au dos de l'acte de francisation.

Adopté.

Il est donné lecture de l'article 4.

M. Cortès fait observer que le navire est un tout dont la coque est le principal et l'armement est l'accessoire; qu'il est de règle que le principal entraîne l'accessoire; que vouloir borner l'emprunt hypothécaire à la coque du navire, à l'exclusion de l'armement, serait rendre l'emprunt impossible, par la raison qu'il faudrait établir divisément sur l'acte la valeur de la coque du navire, puis celle de l'armement.

M. Chaumel demande comment, au cas où le prêteur serait obligé, pour être payé, de faire vendre la part du navire sur laquelle il aurait prêté, il serait possible de vendre la coque du navire sans vendre, en même temps, l'armement qui y est attaché?

M. Blanchy désirerait que l'emprunt hypothécaire pût, au gré de l'emprunteur, ne porter que sur la coque du navire, afin que le surplus restât à la libre disposition de l'armateur pour subir à terre les réparations ou remplacements nécessaires, sans préoccuper le prêteur de la crainte que ces objets ne soient pas réintégrés à bord, et de voir ainsi diminuer son gage.

M. Chaumel ne trouve pas que les prêteurs aient à se préoccuper; la douane veillera pour eux; la douane oblige, en effet, à réintégrer à bord tout ce qu'elle autorise à en débarquer.

M. Chalès fait observer que le prêteur sur un navire devra connaître les chances auxquelles il s'expose et les droits que confèrent le titre et les devoirs d'armateurs.

M. Chalès propose, et la commission adopte la suppression de l'article.

Les articles 5 et 6 sont lus et adoptés.

7.

Tout propriétaire d'un navire nouvellement construit qui voudra le faire admettre à la francisation devra joindre aux pièces requises à cet effet un état des inscriptions prises sur le navire en construction ou certificat qu'il n'en existe aucune.

S'il existe des inscriptions non rayées, elles seront reportées d'office à leurs dates respectives sur l'acte de francisation, ainsi que sur le registre du receveur des douanes du lieu de la francisation, si ce lieu n'est pas le même que celui de la construction.

Adopté avec l'addition suivante : Il en sera de même retour de chaque voyage pour les inscriptions prises rayées durant le voyage.

8.

Pour opérer l'inscription, le prêteur représente, soit par lui-même, soit par un tiers, au bureau du receveur des douanes, un des originaux du titre constitutif d'hypothèque, s'il est sous seing-privé, ou une expédition s'il est authentique.

Il y joint deux bordereaux, dont l'un peut être porté sur le titre représenté. Ils contiennent :

1° Les nom, prénoms et domicile du prêteur et de l'emprunteur ;

2° La date et la nature du titre ;

3° Le montant du capital prêté ou du crédit ouvert ;

4° Les conventions relatives aux intérêts et au remboursement ;

5° Le nom et la désignation du navire hypothéqué, la date de la francisation ou de la déclaration de sa mise en construction ;

6° Élection de domicile par le prêteur dans le lieu de la résidence du receveur des douanes.

Adopté.

9.

Le receveur des douanes fait mention sur son registre du contenu aux bordereaux, et remet au requérant tant le titre ou l'expédition du titre visé par lui que l'un des bordereaux, au pied duquel il certifie avoir fait l'inscription.

Adopté.

Il est donné lecture de l'article 7.

M. Chaumel propose d'ajouter à cet article que les receveurs des douanes devront, au retour de chaque voyage, inscrire sur l'acte de francisation les inscriptions et radiations opérées pendant le voyage.

La commission adopte.

Les articles 8 et 9 sont lus et adoptés.

10.

S'il y a deux ou plusieurs hypothèques sur la même part de propriété du navire, leur rang est déterminé par l'ordre de priorité des dates de l'inscription.

Les hypothèques inscrites le même jour viennent en concurrence, nonobstant la différence des heures de l'inscription.

Adopté.

11.

L'inscription conserve l'hypothèque pendant cinq ans, à compter du jour de sa date. Son effet cesse si l'inscription n'a été renouvelée avant l'expiration de ce délai.

Adopté.

12.

Le contrat d'hypothèque maritime peut être négocié, s'il est à ordre, par la voie de l'endossement sur le titre ou l'expédition du titre visé par le receveur des douanes.

Adopté.

13.

L'inscription ne garantit, au même rang que le capital, que deux années d'intérêts en sus de l'année courante.

Adopté.

Il est donné lecture de l'article 10.

M. Chalès témoigne le désir que le rang des diverses hypothèques prises le même jour soit déterminé par la priorité de l'inscription.

M. Blanchy ne trouve pas que la priorité d'inscriptions prises le même jour offre une garantie sérieuse; il craint que, déposées les unes après les autres, elles ne soient pas toujours transcrites dans l'ordre de leur dépôt, soit par un fait accidentel, soit par suite d'une faveur faite à l'un des prêteurs.

M. Buhan partage les craintes de M. Blanchy. Le prêt hypothécaire civil résulte d'un acte public, tandis que l'hypothèque sur navire peut être consentie par acte sous signatures privées, au moment même de l'inscription en douane, et à la condition qu'elle sera inscrite avant celles déjà déposées.

M. Chaumel ne pense pas que de pareilles craintes soient à redouter; en tout cas, il suffirait, pour assurer le rang de l'hypothèque, de réclamer de la douane un numéro d'ordre de remise des pièces. Le prêteur aura, d'ailleurs, la faculté de ne compter son argent qu'au moment même de l'inscription de son prêt sur l'acte de francisation.

L'article du projet est adopté.

Les articles 11, 12 et 13 sont lus et adoptés.

14.

Les inscriptions sont rayées du consentement des parties intéressées ayant capacité à cet effet, ou en vertu d'un jugement en dernier ressort ou passé en force de chose jugée.

Adopté.

15.

Dans le premier cas, ceux qui requièrent la radiation totale ou partielle de l'inscription déposent au bureau du receveur des douanes :

1° Le titre constitutif revêtu de son visa ;

2° Un acte authentique de consentement à la radiation donné par le créancier ou le cessionnaire du titre par endossement ;

3° L'acte de francisation, si le navire a déjà été francisé.

Le receveur des douanes, si la radiation n'est que partielle, rend le titre constitutif après y avoir mentionné à sa date la somme pour laquelle l'inscription est rayée.

Il le conserve si la radiation est totale.

Il rend l'acte de francisation, en y mentionnant la radiation totale ou partielle.

A défaut de ces productions, la radiation ne peut être opérée qu'en vertu d'un jugement.

Adopté, sauf le quatrième alinéa, modifié ainsi qu'il s
3° L'acte de francisation, si le navire a déjà été francisé c
trouve dans le port.

Il est donné lecture de l'article 14.

M. Chalès pense qu'on pourrait se borner à inscrire et radier les hypothèques sur le registre d'inscription de la douane sans remplir cette formalité sur l'acte de francisation, formalité impossible à remplir à l'égard des prêts ou radiations consentis sur navires en cours de voyage.

M. Chalès serait d'avis que l'emprunt hypothécaire ne pût être fait que sur un navire dans le port.

M. Blanchy trouve qu'il y a nécessité à ce que l'hypothèque soit inscrite sur l'acte de francisation, afin de rendre impossible la vente en cours de voyage. Il est certain qu'on ne trouvera pas d'acheteur si le navire n'est pas libre d'hypothèque.

M. Blanchy se préoccupe également des créanciers par compte de l'armateur ou des autres copropriétaires; au cas où ils voudraient assurer leurs créances par l'hypothèque sur un navire en cours de voyage, ce serait les priver de cette faculté, si on n'admettait à l'hypothèque que les navires dans le port.

M. Chaumel fait remarquer que la faculté d'emprunter en cours de voyage est déjà reconnue à l'article 7.

L'article est adopté.

Il est donné lecture de l'article 15.

Sur la proposition de M. Chalès, la commission est d'avis d'ajouter à la suite de l'acte de francisation, si le navire a déjà été francisé, la condition que *le navire se trouve dans le port*.

33

16.

Toute personne peut prendre communication, au bureau du receveur des douanes, du registre des inscriptions.

Le receveur des douanes est en outre tenu de délivrer à tous ceux qui le requièrent l'état des inscriptions subsistantes sur un navire, ou un certificat qu'il n'en existe aucune.

Adopté.

17.

En cas de perte ou d'innavigabilité du navire, les droits du prêteur s'exercent sur les choses sauvées ou sur leur produit, alors même que la créance ne serait pas encore échue.

Le prêteur est en outre subrogé de plein droit au bénéfice des assurances qui auraient été faites par l'emprunteur sur le navire hypothéqué.

Adopté.

18.

Le propriétaire d'un navire hypothéqué n'est tenu de déclarer les inscriptions aux assureurs que lorsqu'il leur fait délaissement.

S'il y a des inscriptions non rayées, les assureurs peuvent surseoir au remboursement de sommes égales à celles desdites inscriptions jusqu'à ce que le délaissement leur soit confirmé par les créanciers inscrits ou leurs cessionnaires par endossement.

18.

Le propriétaire d'un navire hypothéqué n'est tenu de déclarer les inscriptions aux assureurs que lorsqu'il leur fait délaissement.

Si l'armateur ou toute autre personne a fait assurer le navire pour la part du copropriétaire qui a emprunté hypothécairement, le prêteur est substitué jusqu'à radiation de son hypothèque aux droits et actions de l'emprunteur à l'égard des effets de la susdite assurance.

S'il y a des inscriptions non rayées, les assureurs surseoiront au remboursement de sommes égales à celles desdites inscriptions jusqu'à ce que le délaissement leur soit confirmé par les créanciers inscrits ou leurs cessionnaires par endossement.

Les articles 16 et 17 sont lus et adoptés.

Il est passé à l'examen de l'article 18.

Quelques membres pensent qu'il est nécessaire d'introduire dans cet article un nouveau paragraphe qui stipule qu'au cas où l'armateur a fait assurer, pour compte du copropriétaire emprunteur par hypothèque, le prêteur est substitué aux droits de l'emprunteur à l'égard des effets de l'assurance.

Cette proposition est adoptée, ainsi que l'article 18, rédigé dans ce sens.

19.

Les créanciers inscrits ou leurs cessionnaires peuvent, de leur côté, faire assurer leurs créances.

Lors du remboursement, les assureurs sont de plein droit subrogés à leurs droits contre le débiteur.

Adopté.

20.

Tout créancier ayant hypothèque sur un navire a le droit de le faire vendre, en quelques mains qu'il passe, pour, ensuite, être payé sur le prix.

20.

Tout créancier non payé à l'échéance de sa créance hypothécaire sur plus de la moitié du navire a le droit de le faire vendre, en quelques mains qu'il passe, pour être, ensuite, payé sur son prix. Si sa créance porte sur une part inférieure à la moitié du navire, il pourra faire vendre la part sur laquelle il a prêté.

21.

Le nouveau propriétaire, adjudicataire ou acquéreur d'un navire hypothéqué, qui veut se garantir des poursuites autorisées par l'article précédent, est tenu, avant toute poursuite, de notifier à tous les créanciers inscrits sur l'acte de francisation :

1° Extrait de son titre contenant seulement la date et la qualité de l'acte, le nom du vendeur ou du saisi, le nom, l'espèce et le tonnage du navire, le prix et les charges faisant partie du prix ;

2° Un tableau sur trois colonnes, dont la première contiendra la date des inscriptions; la seconde, le nom des créanciers; la troisième, le montant des créances inscrites.

Adopté.

22.

L'adjudicataire ou l'acquéreur déclarera, par le même acte, qu'il est prêt à acquitter sur-le-champ les dettes hypothécaires, jusqu'à concurrence seulement de son prix, sans distinction des dettes exigibles ou non exigibles.

Adopté.

SÉANCE DU JEUDI 28 FÉVRIER 1867

L'article 19 est lu et maintenu.

Il est passé à la lecture de l'article 20.

Divers membres de la commission proposent de n'admettre le créancier hypothécaire à faire vendre le navire sur lequel repose son prêt que si l'hypothèque porte sur plus de la moitié du navire.

M. CHAUMEL propose d'ajouter que si la créance porte sur une part inférieure à la moitié du navire, le prêteur pourra faire vendre la part sur laquelle il a prêté.

Ces propositions sont acceptées, et l'article, modifié en ce sens, est adopté.

Les articles 21, 22, 23, 24, 25, 26 et 27 sont lus et adoptés.

23.

Lorsque le titre d'acquisition est une vente volontaire, tout créancier inscrit peut requérir la mise du navire aux enchères, en offrant de porter le prix à un dixième en sus, et de donner caution pour le paiement du prix et des charges.

Adopté.

24.

Cette réquisition doit être signifiée à l'acquéreur dans les dix jours des notifications. Elle contiendra assignation devant le tribunal de commerce du lieu où se trouve le navire, pour voir ordonner qu'il sera procédé aux enchères requises.

Adopté.

25.

La revente sur enchères aura lieu à la requête du créancier poursuivant dans les formes établies pour les ventes sur saisie.

Adopté.

26.

La réquisition de mise aux enchères n'est pas admise en cas de vente judiciaire ni de vente volontaire aux enchères devant un officier public.

Adopté.

27.

Faute par les créanciers de se régler entre eux à l'amiable pour la distribution du prix offert par la notification ou produit par la surenchère, il y est procédé dans les formes établies en matière de saisie. S'il s'agit d'une vente volontaire et non suivie de surenchère, la distribution est faite à la poursuite de la partie la plus diligente, par un juge commis par le tribunal de commerce.

Adopté.

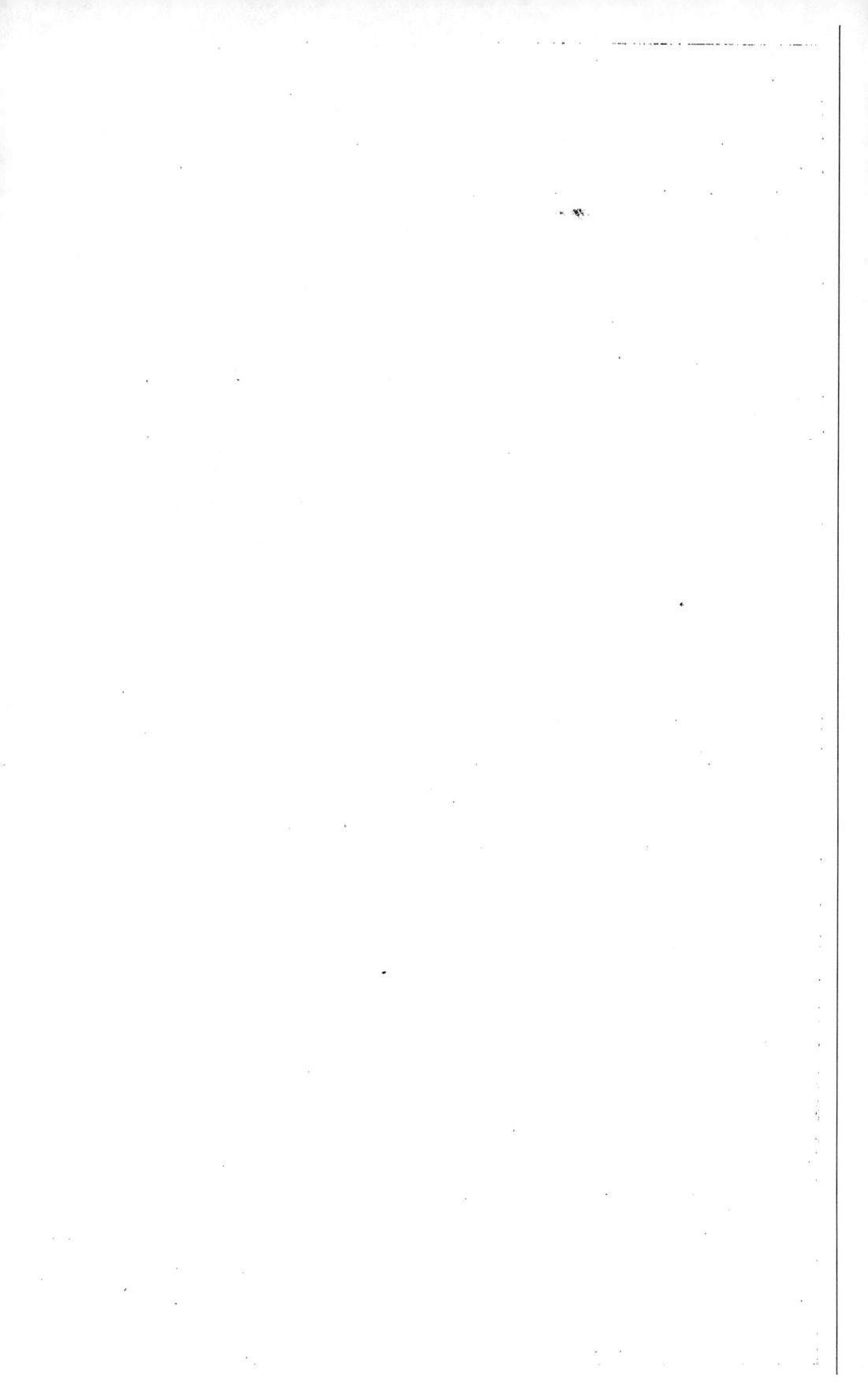

TITRE IX.

DES CONTRATS A LA GROSSE.

TITRE IX.

DU PRÊT A LA GROSSE.

Art. 311.

Le contrat à la grosse est fait devant notaire ou sous signature privée. — Il énonce : — le capital prêté et la somme convenue pour le profit maritime, — les objets sur lesquels le prêt est affecté, — les noms du navire et du capitaine, — ceux du prêteur et de l'emprunteur ; — si le prêt a lieu pour un voyage, — pour quel voyage, et pour quel temps ; — l'époque du remboursement.

Art. 28.

Le contrat à la grosse énonce : — capital prêté et la somme conven pour le profit maritime, — les obj sur lesquels le prêt est affecté, — noms du navire et du capitaine, — ce du prêteur et de l'emprunteur ; — s prêt a lieu pour un voyage, — pour q voyage, et pour quel temps ; — l'époc du remboursement.

Art. 312.

Tout prêteur à la grosse, en France, est tenu de faire enregistrer son contrat au greffe du tribunal de commerce, dans les dix jours de la date, à peine de perdre son privilège ; — et si le contrat est fait à l'étranger, il est soumis aux formalités prescrites à l'article 234.

Art. 28.

Le prêt à la grosse ne peut être fait qu'au capitaine autorisé par justice, et pour subvenir à des dépenses de réparations ou autres besoins extraordinaires du navire ou de la cargaison.

L'autorisation est donnée, en France, par le tribunal de commerce ou, à défaut, par le juge de paix ; à l'étranger, par le consul ou l'agent consulaire de France ou, à défaut, par le magistrat du lieu.

Cet article, devenu l'article 28 bis, adopté.

Art. 313.

Tout acte de prêt à la grosse peut être négocié par la voie de l'endossement, s'il est à ordre. — En ce cas, la négociation de cet acte a les mêmes effets et produit les mêmes actions en garantie que celle des autres effets de commerce.

Art. 29.

L'autorisation doit exprimer si le prêt sera affecté sur le navire seul, sur la cargaison seule, ou sur le navire et la cargaison.

Il ne peut jamais être affecté sur les marchandises qui n'étaient pas chargées lors de l'événement donnant lieu au prêt.

Adopté.

Il est donné lecture de l'article 28.

M. BLANCHY, tout en approuvant les dispositions de l'article 28, fait observer que l'article 311 du Code détermine d'une manière nette et précise ce que doit énoncer le contrat à la grosse; à son avis, les dispositions de l'article 311 du Code devraient être maintenues dans la nouvelle loi. M. Blanchy pense qu'il y aurait lieu de supprimer de cet article : *que le contrat est fait devant notaire ou sous signatures privées.*

La commission partage unanimement l'opinion de M. Blanchy. En conséquence, l'article 311 du Code est maintenu en tête du titre IX.

Les articles 28 et 29 du projet sont lus et adoptés.

TEXTE ACTUEL DU CODE.	MODIFICATIONS PROPOSÉES PAR LE PROJET.	PROPOSITIONS DE LA COMMISSION DE LA CHAMBRE DE COMMERCE.

Art. 314.

La garantie de paiement ne s'étend pas au profit maritime, à moins que le contraire n'ait été expressément stipulé.

Art. 30.

L'emprunt a lieu par adjudication aux conditions déterminées par le magistrat, à moins qu'à raison des circonstances il n'ait autorisé l'emprunt amiable.

Si l'enchère ouverte ne donne pas de résultat ou n'amène que des offres qui paraissent trop onéreuses, le magistrat peut, d'office ou sur la requête du capitaine ou de tout intéressé, ordonner qu'il sera procédé à une nouvelle enchère ou autoriser un emprunt amiable.

Le premier paragraphe adopté. Le second paragraphe modifié ainsi qu'il suit :

Si l'enchère ouverte ne donne pas de résultat ou n'amène que des offres qui paraissent trop onéreuses, le magistrat peut, d'office ou sur la requête du capitaine ou de tout intéressé, ordonner qu'il sera procédé, dans un délai qui ne pourra excéder quinze jours, à une nouvelle enchère, ou autoriser un emprunt amiable.

Art. 315.

Les emprunts à la grosse peuvent être affectés : — sur le corps et quille du navire, — sur les agrès et apparaux, — sur l'armement et les victuailles, — sur le chargement, — sur la totalité de ces objets conjointement, ou sur une partie déterminée de chacun d'eux.

Art. 31.

Si, le navire ayant été réduit à l'état d'innavigabilité, les marchandises sont rechargées sur un autre navire, et s'il y a lieu d'emprunter à la grosse sur les marchandises pour couvrir les dépenses de sauvetage ou autres les concernant, l'acte d'emprunt peut être signé soit par le capitaine du premier navire, soit par celui du second.

Adopté.

Art. 316.

Tout emprunt à la grosse, fait pour une somme excédant la valeur des objets sur lesquels il est affecté, peut être déclaré nul, à la demande du prêteur, s'il est prouvé qu'il y a fraude de la part de l'emprunteur.

Art. 32.

Le capitaine n'est pas débiteur en son nom personnel des sommes qu'il a été autorisé à emprunter à la grosse.

S'il est propriétaire ou copropriétaire du navire, il a, comme tous autres propriétaires, la faculté de se libérer des sommes ainsi empruntées par l'abandon du navire et du fret.

Adopté.

Art. 317.

S'il n'y a fraude, le contrat est valable jusqu'à la concurrence de la valeur des effets affectés à l'emprunt, d'après l'estimation qui en est faite ou convenue. — Le surplus de la somme empruntée est remboursé avec intérêt au cours de la place.

Art. 33.

S'il y a deux ou plusieurs prêts à la grosse sur les mêmes choses, celui qui est postérieur en date est préféré à celui qui le précède.

Les prêts de même date concourent au même rang.

Adopté.

Il est donné lecture de l'article 30.

M. Chaumel fait observer que, dans le cas où l'enchère de l'emprunt à la grosse resterait sans résultat, le magistrat peut, d'office, ordonner qu'il sera procédé à une nouvelle enchère sans déterminer le délai dans lequel la nouvelle enchère devra être tentée.

M. Chaumel voit là un grave danger, mis en lumière par les observations de la sous-commission, qui voudrait laisser à l'appréciation du consul si les intérêts engagés ne commanderaient pas de surseoir et d'attendre des avis et des remises des armateurs ou des assureurs. S'il est vrai qu'en certaines circonstances cette disposition puisse sauvegarder les intérêts des assureurs sur corps d'un navire, elle ne serait rien moins que funeste aux propriétaires du chargement par le retard apporté à l'arrivée de leurs marchandises.

M. Chaumel propose le maintien de l'article, en fixant à quinze jours au plus le délai dans lequel on devra procéder à une nouvelle enchère; la commission agrée cette modification.

Les articles 31, 32 et 33 sont lus et adoptés.

Art. 318.

Tous emprunts sur le fret à faire du navire et sur le profit espéré des marchandises sont prohibés. — Le prêteur, dans ce cas, n'a droit qu'au remboursement du capital, sans aucun intérêt.

Art. 34.

Lorsque le prêt à la grosse ayant été adjugé avant l'exécution des travaux ou le règlement des comptes, la dépense se trouve excéder le montant du prêt, le prêteur est préféré pour fournir le complément à toutes mêmes conditions, sans nouvelle adjudication.

S'il ne consent pas à fournir le complément, on procède à une nouvelle adjudication pour le complément, avec droit de préférence en faveur du second prêteur.

Toutefois, si l'excédant à emprunter dépasse un sixième, le premier prêteur peut requérir l'annulation de son prêt, et le remboursement, sans intérêt ni prime de grosse, des fonds déjà avancés.

Dans ce cas, il est procédé à une nouvelle adjudication pour la totalité des dépenses.

Adopté.

Art. 319.

Nul prêt à la grosse ne peut être fait aux matelots ou gens de mer sur leurs loyers ou voyages.

Art. 35.

Les agrès et apparaux, l'armement et les victuailles, même le fret acquis, sont affectés par privilége au capital et prime du prêt à la grosse fait sur le navire.

Adopté, sauf la suppression du mot *acquis.*

Art. 320.

Le navire, les agrès et les apparaux, l'armement et les victuailles, même le fret acquis, sont affectés par privilége au capital et intérêts de l'argent donné à la grosse sur le corps et quille du vaisseau. — Le chargement est également affecté au capital et intérêts de l'argent donné à la grosse sur le chargement. — Si l'emprunt a été fait sur un objet particulier du navire ou du chargement, le privilége n'a lieu que sur l'objet, et dans la proportion de la quotité affectée à l'emprunt.

Art. 36.

L'acte de prêt à la grosse peut être négocié par la voie de l'endossement, s'il est à ordre.

Adopté.

L'article 34 est lu et adopté.

Il est donné lecture de l'article 35.

M. CHALÈS propose de supprimer le mot *acquis* après les mots *même le fret,* afin d'éviter une confusion possible entre les frets acquis *antérieurement* et les frets du voyage acquis *par convention spéciale.*

La proposition de M. Chalès est adoptée.

L'article 36 est lu et adopté.

TEXTE ACTUEL DU CODE.	MODIFICATIONS PROPOSÉES PAR LE PROJET.	PROPOSITIONS DE LA COMMISSION DE LA CHAMBRE DE COMMERCE.

ART. 321.

Un emprunt à la grosse fait par le capitaine dans le lieu de la demeure des propriétaires du navire, sans leur autorisation authentique ou leur intervention dans l'acte, ne donne action et privilége que sur la portion que le capitaine peut avoir au navire et au fret.

ART. 37.

Le prêt à la grosse ne contribue pas aux avaries particulières des choses affectées.

Il contribue aux avaries communes survenues postérieurement au prêt, si l'acte n'exprime que le prêteur en est affranchi.

Le montant du prêt ne s'ajoute pas aux valeurs contributives, et le règlement de répartition entre le navire, la cargaison et le fret est établi comme s'il n'y avait pas de prêt à la grosse. Le prêteur contribue à la décharge des propriétaires des choses affectées au prêt, proportionnellement au montant de la créance.

Les premier et troisième paragraphes sont adoptés; le deuxième est réduit à la rédaction suivante :

Il contribue aux avaries communes survenues postérieurement au prêt.

ART. 322.

Sont affectées aux sommes empruntées, même dans le lieu de la demeure des intéressés, pour radoub et victuailles, les parts et portions des propriétaires qui n'auraient pas fourni leur contingent pour mettre le bâtiment en état, dans les vingt-quatre heures de la sommation qui leur en sera faite.

ART. 38.

En cas de naufrage ou autres accidents de mer, le prêt à la grosse est privilégié pour la somme prêtée et la prime de grosse stipulée, sur toutes les choses affectées, leurs débris ou leur produit.

Adopté.

ART. 323.

Les emprunts faits pour le dernier voyage du navire sont remboursés par préférence aux sommes prêtées pour un précédent voyage, quand même il serait déclaré qu'elles sont laissées par continuation ou renouvellement. — Les som-

ART. 39.

Lors de l'arrivée d'un navire, s'il résulte des papiers du bord ou de correspondances reçues qu'il existe un prêt à la grosse sans que le titre soit produit, le capitaine doit, et toute personne qui justifie d'un intérêt, peut requérir du

Adopté.

Il est passé à l'article 37.

M. Chaumel pense qu'on devrait affranchir le contrat à la grosse de toute contribution aux avaries, bien qu'il reconnaisse que le sacrifice, consenti dans l'intérêt de tous, profite à la conservation du gage sur lequel repose le contrat, et qu'à ce titre, la contribution du contrat à la grosse au remboursement du sacrifice consenti dans l'intérêt commun est pleinement justifiée; il observe toutefois que le Code actuel et l'article du projet de révision permettent au capitaine d'affranchir le contrat à la grosse de la contribution aux avaries communes.

M. Chaumel croit que si les contrats à la grosse étaient affranchis par la loi de l'obligation de contribuer aux avaries, les prêteurs seraient plus faciles, et les conditions de prêt plus avantageuses à l'ensemble de l'opération.

M. Chalès pense qu'il est équitable que le contrat contribue aux avaries souffertes dans l'intérêt de tous.

D'après M. Chalès, on ne devrait pas laisser aux capitaines la faculté de consentir un contrat franc d'avaries, ce qui les autorise à favoriser un intérêt au détriment d'un autre.

La commission partage l'avis de M. Chalès à l'égard de la contribution du contrat à la grosse aux avaries communes, mais ne pense pas qu'il doive être interdit aux capitaines la faculté de consentir un contrat franc d'avaries au cas où les prêteurs en feraient la condition du prêt.

L'article, ainsi modifié, est adopté.

Les articles 38, 39 et 40 sont lus et adoptés.

mes empruntées pendant le voyage sont préférées à celles qui auraient été empruntées avant le départ du navire; et s'il y a plusieurs emprunts faits pendant le même voyage, le dernier emprunt sera toujours préféré à celui qui l'aura précédé.

tribunal qu'il soit nommé un séquestre pour recevoir la consignation, soit du navire, soit des marchandises, jusqu'à la production du titre.

Le tribunal détermine, en raison des circonstances, le délai accordé pour produire le titre. Il peut aussi prescrire toutes mesures conservatoires, et notamment astreindre à donner caution.

Art. 324.

Le prêteur à la grosse sur marchandises chargées dans un navire désigné au contrat ne supporte pas la perte des marchandises, même par fortune de mer, si elles ont été chargées sur un autre navire, à moins qu'il ne soit légalement constaté que ce chargement a eu lieu par force majeure.

Art. 40.

Même lorsque le titre est produit, le tribunal, à la requête du capitaine, du porteur ou de tout autre intéressé, peut nommer un séquestre des choses affectées au prêt et lui donner mission de prendre toutes mesures préparatoires ou conservatoires.

Il peut autoriser le séquestre à vendre soit le navire, soit tout ou partie des marchandises affectées.

Le séquestre rend compte de son administration aux intéressés qui sont tous d'accord pour la faire cesser, ou au tribunal.

Adopté.

Art. 325.

Si les effets sur lesquels le prêt à la grosse a eu lieu sont entièrement perdus, et que la perte soit arrivée par cas fortuit, dans le temps et dans le lieu des risques, la somme prêtée ne peut être réclamée.

Art. 41.

Les propriétaires de navires, mis en demeure par le porteur du titre de déclarer leur option entre le paiement de la dette et l'abandon du navire et du fret, peuvent surseoir à leur déclaration d'option jusqu'à l'homologation du règlement de répartition des dépenses, si le prêt porte sur le navire et la cargaison.

Ils sont tenus de déclarer leur option, dès qu'ils en sont requis, aussitôt après ladite homologation et aussitôt après l'échéance du prêt, s'il porte sur le navire seulement.

Ils sont personnellement débiteurs du prêt si, dans les trois jours de la sommation qui leur est faite, ils n'ont pas déclaré s'en affranchir par l'abandon du navire et du fret.

L'abandon doit comprendre le fret payé d'avance et non restituable à l'affréteur.

Art. 41.

Les propriétaires de navires, mis en demeure par le porteur du titre de déclarer leur option entre le paiement de la dette et l'abandon du navire et du fret, sont personnellement débiteurs du prêt si, dans les trois jours de la sommation qui leur est faite, ils n'ont pas déclaré s'en affranchir par l'abandon du navire et du fret.

L'abandon doit comprendre le fret payé d'avance et non restituable à l'affréteur.

Il est donné lecture de l'article 41.

M. Chaumel croit que ce serait écarter les prêteurs à la grosse que de réserver aux propriétaires du navire la faculté d'attendre l'homologation du règlement des dépenses avant de payer le contrat ou de déclarer s'en affranchir par l'abandon du navire et du fret. Cette homologation pourrait, en effet, se faire attendre des années, si des procès venaient à surgir entre les parties, délai auquel les prêteurs ne voudraient pas s'exposer.

M. Chaumel propose, en conséquence, de supprimer de l'article 41 tout ce qui est relatif à cette réserve.

La proposition de M. Chaumel est adoptée.

Art. 326.

Les déchets, diminutions et pertes qui arrivent par le vice propre de la chose, et les dommages causés par le fait de l'emprunteur, ne sont point à la charge du prêteur.

Art. 327.

En cas de naufrage, le paiement des sommes empruntées à la grosse est réduit à la valeur des effets sauvés et affectés au contrat, déduction faite des frais de sauvetage.

Art. 328.

Si le temps des risques n'est point déterminé par le contrat, il court, à l'égard du navire, des agrès, apparaux, armement et victuailles, du jour que le navire a fait voile, jusqu'au jour où il est ancré ou amarré au port ou au lieu de sa destination. — A l'égard des marchandises, le temps des risques court du jour qu'elles ont été chargées dans le navire, ou dans les gabares pour les y porter, jusqu'au jour où elles sont délivrées à terre.

Art. 329.

Celui qui emprunte à la grosse sur des marchandises n'est point libéré par la perte du navire et du chargement, s'il ne justifie qu'il y avait, pour son compte, des effets jusqu'à la concurrence de la somme empruntée.

Art. 330.

Les prêteurs à la grosse contribuent, à la décharge des emprunteurs, aux avaries communes. — Les avaries simples sont aussi à la charge des prêteurs, s'il n'y a convention contraire.

Art. 331.

S'il y a contrat à la grosse et assurance sur le même navire ou sur le même chargement, le produit des effets sauvés du naufrage est partagé entre le prêteur à la grosse, *pour son capital seulement*, et l'assureur, pour les sommes assurées, au marc le franc de leur intérêt respectif, sans préjudice des privilèges établis à l'article 191.

Art. 42.

En cas d'abandon, tout créancier peut prendre le navire pour son compte, à la charge de payer les autres créances privilégiées.

Si aucun créancier ne prend le navire pour son compte, il est vendu à la requête du créancier le plus diligent. Le prix est distribué entre les créanciers. L'excédant, s'il y en a un, appartient au débiteur qui a fait abandon ou aux assureurs.

Adopté, sauf modification de la dernière phrase du second paragraphe. Au lieu de : ou aux assureurs, substituer ou aux *ayants-droit*.

Il est donné lecture de l'article 42 et dernier du titre IX.

M. Chaumel fait remarquer que, par l'abandon du navire et du fret, le débiteur transporte ses droits, généralement quelconques, à qui de droit; que, si la vente du navire, poursuivie par le porteur du contrat à la grosse, produit une somme supérieure au montant du contrat, l'excédant ne peut appartenir qu'aux assureurs, s'ils sont substitués, par le paiement de la perte, aux droits du débiteur; il est, par conséquent, superflu de dire que l'excédant appartiendra aux assureurs.

L'opinion de M. Chaumel étant partagée par la commission, l'article, modifié en ce sens, est adopté.

TITRE X.

SECTION PREMIÈRE.

DU CONTRAT D'ASSURANCE ET DES OBLI-
GATIONS DE L'ASSUREUR ET DE L'AS-
SURÉ.

ART. 332.

Le contrat d'assurance est rédigé par écrit. — Il est daté du jour auquel il est souscrit, — il y est énoncé, si c'est avant ou après midi. — Il peut être fait sous signature privée, — il ne peut contenir aucun blanc. — Il exprime : — le nom et le domicile de celui qui fait assurer, sa qualité de propriétaire ou de commissionnaire, — le nom et la désignation du navire, — le nom du capitaine, — le lieu où les marchandises ont été ou doivent être chargées, — le port d'où ce navire a dû ou doit partir, — les ports ou rades dans lesquels il doit charger ou décharger, — ceux dans lesquels il doit entrer, — la nature et la valeur ou l'estimation des marchandises ou objets que l'on fait assurer, — les temps auxquels les risques doivent commencer et finir, — la somme assurée, — la prime ou le coût de l'assurance, — la soumission des parties à des arbitres, en cas de contestation, si elle a été convenue, — et généralement toutes les autres conditions dont les parties sont convenues.

ART. 332.

Le contrat d'assurance se constate conformément aux dispositions de l'article 109 du Code de commerce.

Article du Code maintenu.

ART. 333.

La même police peut contenir plusieurs assurances, soit à raison des marchandises, soit à raison du taux de la prime, soit à raison de différents assureurs.

ART. 333.

Supprimé.

Suppression adoptée.

ART. 334.

L'assurance peut avoir pour sujet : — le corps et quille du vaisseau, vide ou chargé, armé ou non armé, seul ou accompagné, — les agrès et apparaux, — les armements, — les victuailles, — les

ART. 334.

L'assurance peut avoir pour objet le navire, les marchandises et toutes autres choses ou valeurs estimables à prix d'argent, sujettes aux risques de la navigation.

Adopté.

SÉANCE DU LUNDI 4 MARS 1867

Il est donné lecture de l'article 332.

Les auteurs du projet de révision du Code trouvent inutiles les énonciations détaillées à l'article 332 du Code, à moins de les accompagner d'une sanction. Ils proposent, par suite, de remplacer l'article par une nouvelle rédaction qu'ils trouvent plus générale et plus simple. D'après la rédaction nouvelle, la constatation du contrat d'assurance serait faite ainsi qu'il est prévu à l'article 109 du Code de commerce.

La commission de la Chambre ne partage pas l'opinion des auteurs du projet; elle trouve, au contraire, dans l'article 332 de nos anciens législateurs, un esprit de sagesse, de prévoyance et de prudence dont lui paraît manquer la rédaction trop simple et trop générale du projet.

Le contrat d'assurance est, de tous les contrats commerciaux, celui qui repose sur les conditions les plus nombreuses et les plus diverses, spéciales à chaque contrat; le contrat d'assurance ne peut, par conséquent, être sérieusement établi et constaté autrement que par écrit. Il y aurait de graves dangers à admettre le témoignage, le souvenir plus ou moins fugitif comme preuve d'un contrat aussi complexe que le contrat d'assurance. La commission est unanime pour repousser la rédaction nouvelle de l'article 332.

Les articles 333 à 341 sont lus et adoptés.

sommes prêtées à la grosse, — les marchandises du chargement, et toutes autres choses ou valeurs estimables à prix
d'argent, sujettes aux risques de la navigation.

Art. 335.

L'assurance peut être faite sur le tout
ou sur une partie desdits objets conjointement ou séparément. — Elle peut être
faite en temps de paix ou en temps de
guerre, avant ou pendant le voyage du
vaisseau. — Elle peut être faite pour
l'aller et le retour, ou seulement pour
l'un des deux, pour le voyage entier ou
pour un temps limité ; — pour tous
voyages et transports par mer, rivières
et canaux navigables.

Art. 335.

Supprimé.

Suppression adoptée.

Art. 336.

En cas de fraude dans l'estimation
des effets assurés, en cas de supposition
ou de falsification, l'assureur peut faire
procéder à la vérification et estimation
des objets, sans préjudice de toutes autres poursuites, soit civiles, soit crimi-
nelles.

Art. 336.

Supprimé.

Suppression adoptée.

Art. 337.

Les chargements faits aux échelles du
Levant, aux côtes d'Afrique et autres
parties du monde, pour l'Europe, peuvent être assurés, sur quelque navire
qu'ils aient lieu, sans désignation du
navire ni du capitaine. — Les marchandises elles-mêmes peuvent, en ce cas,
être assurées sans désignation de leur
nature et espèce. — Mais la police doit
indiquer celui à qui l'expédition est faite
ou doit être consignée, s'il n'y a convention contraire dans la police d'assurance.

Art. 337.

Supprimé.

Suppression adoptée.

Art. 338.

Tout effet dont le prix est stipulé dans
le contrat en monnaie étrangère est éva-
lué au prix que la monnaie stipulée vaut
en monnaie de France, suivant le cours
à l'époque de la signature de la police.

Art. 338.

Supprimé.

Suppression adoptée.

Art. 339.

Si la valeur des marchandises n'est
point fixée par le contrat, elle peut être

Art. 339.

Rédaction maintenue.

Adopté.

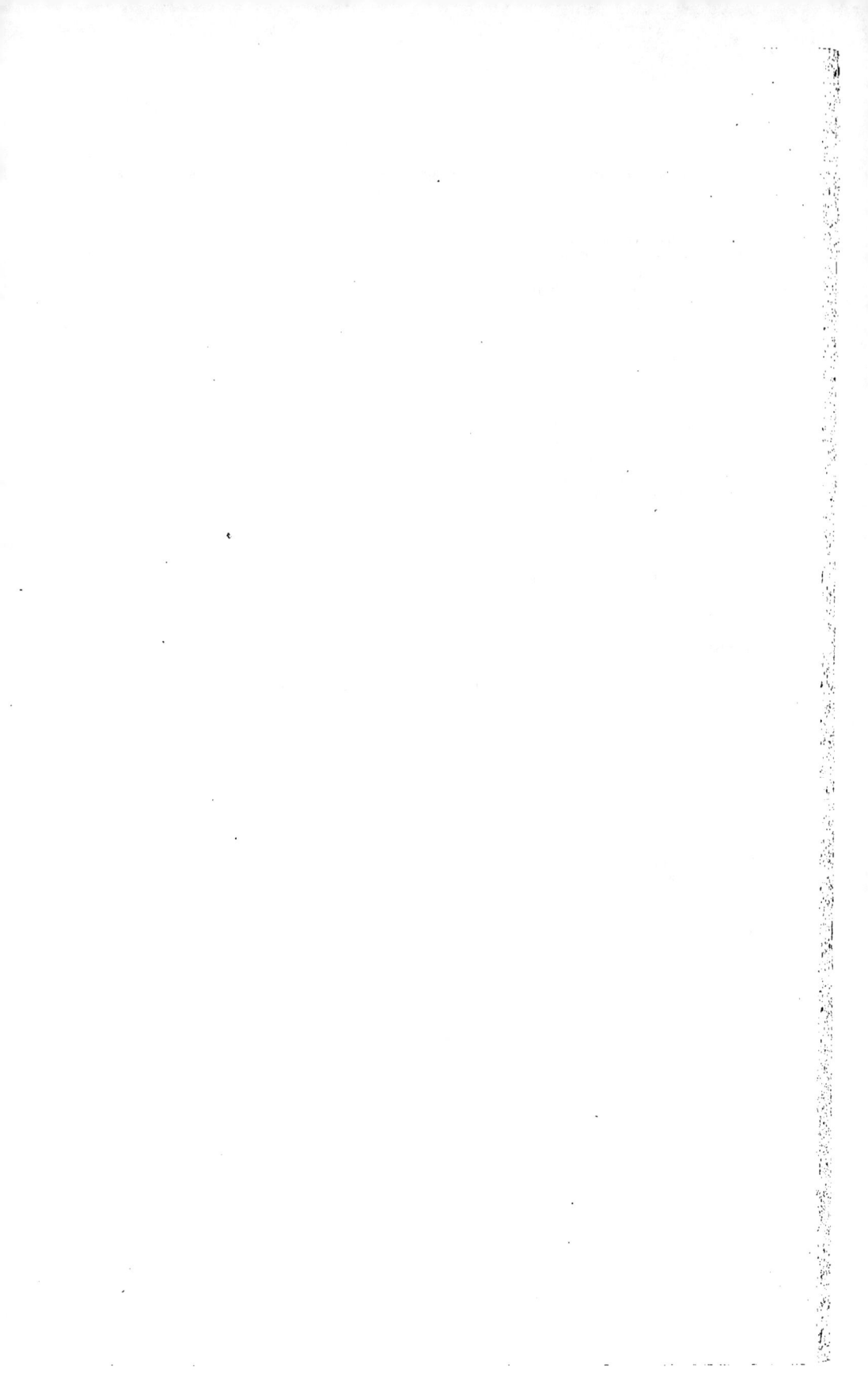

justifiée par les factures et par les livres ; à défaut, l'estimation en est faite suivant le prix courant au temps et au lieu du chargement, y compris tous les droits payés et les frais faits jusqu'à bord.

Art. 340.

Si l'assurance est faite sur le retour d'un pays où le commerce ne se fait que par troc, et que l'estimation des marchandises ne soit pas faite par la police, elle sera réglée sur le pied de la valeur de celles qui ont été données en échange, en y joignant les frais de transport.

Art. 340.

Supprimé.

Suppression adoptée.

Art. 341.

Si le contrat d'assurance né règle point le temps des risques, les risques commencent et finissent dans le temps réglé par l'article 328 pour les contrats à la grosse.

Art. 341.

Si le temps des risques n'est point déterminé par le contrat, il court, à l'égard du navire et de ses accessoires, du moment où le navire a levé l'ancre ou démarré jusqu'au moment où il est ancré ou amarré au port ou lieu de sa destination. Il court, à l'égard des marchandises, du moment où elles ont quitté la terre pour être chargées dans le navire ou dans les alléges ou gabares, jusqu'au moment où elles sont mises à terre au lieu de leur destination.

Adopté.

Art. 342.

L'assureur peut faire réassurer par d'autres les effets qu'il a assurés. — L'assuré peut faire assurer le coût de l'assurance. — La prime de réassurance peut être moindre ou plus forte que celle de l'assurance.

Art. 342.

L'assureur peut faire réassurer les effets qu'il a assurés. La prime de réassurance peut être moindre ou plus forte que celle de l'assurance.

Art. 342.

L'assureur peut faire réassurer les effets qu'il a assurés.

Il est donné lecture de l'article 342.

M. Chaumel trouve futile de dire que la prime de réassurance peut être moindre ou plus forte que celle de l'assurance. Il est évident que la prime de la réassurance sera plus ou moins forte selon les conditions du risque au moment où se fait la réassurance.

La commission partage l'opinion de M. Chaumel; l'article, ainsi modifié, est adopté.

TEXTE ACTUEL DU CODE.	MODIFICATIONS PROPOSÉES PAR LE PROJET.	PROPOSITIONS DE LA COMMISSION DE LA CHAMBRE DE COMMERCE.

Art. 343.

L'augmentation de prime qui aura été stipulée en temps de paix pour le temps de guerre qui pourrait survenir, et dont la quotité n'aura pas été déterminée par les contrats d'assurance, est réglée par les tribunaux, en ayant égard aux risques, aux circonstances et aux stipulations de chaque police d'assurance.

Art. 343.

Supprimé.

Suppression adoptée.

Art. 344.

En cas de perte des marchandises assurées et chargées pour le compte du capitaine sur le vaisseau qu'il commande, le capitaine est tenu de justifier aux assureurs l'achat des marchandises, et d'en fournir un connaissement signé par deux des principaux de l'équipage.

Art. 344.

Supprimé.

Suppression adoptée.

Art. 345.

Tout homme de l'équipage et tout passager qui apportent des pays étrangers des marchandises assurées en France sont tenus d'en laisser un connaissement dans les lieux où le chargement s'effectue, entre les mains du consul de France, et, à défaut, entre les mains d'un Français notable négociant, ou du magistrat du lieu.

Art. 345.

Supprimé.

Suppression adoptée.

Art. 346.

Si l'assureur tombe en faillite lorsque le risque n'est pas encore fini, l'assuré peut demander caution ou la résiliation du contrat. — L'assureur a le même droit en cas de faillite de l'assuré.

Art. 346.

Si l'assuré tombe en faillite lorsque le risque n'est pas encore fini, ni la prime payée, l'assureur peut demander caution, et, à défaut de caution, la résiliation du contrat. L'assuré a les mêmes droits, en cas de faillite de l'assureur.

Art. 346.

Si l'assuré tombe en faillite ava l'extinction des risques et le paieme de la prime, l'assureur peut demand caution, et, à défaut de caution, la rés liation du contrat. L'assuré a les mêm droits, en cas de faillite de l'assureu il peut, en outre, se faire garantir p une nouvelle assurance.

La proposition de suppression des articles 343 à 345 est adoptée.

Il est donné lecture de l'article 346.

Un membre propose de modifier la rédaction de la première partie de l'article et de dire :

« Si l'assuré tombe en faillite avant l'extinction des risques et le » paiement de la prime, l'assureur peut demander caution, etc. »

Le même membre propose, en outre, de consacrer le droit de l'assuré dont le contrat a été résilié par suite de la faillite de son assureur à se faire garantir par une nouvelle assurance ressortant à plein et entier effet, tout comme s'il n'avait pas existé d'assurance antérieure.

Ces deux propositions sont acceptées par la commission, et l'article, ainsi modifié, est adopté.

TEXTE ACTUEL DU CODE.	MODIFICATIONS PROPOSÉES PAR LE PROJET.	PROPOSITIONS DE LA COMMISSION DE LA CHAMBRE DE COMMERCE.

Art. 347.

Le contrat d'assurance est nul, s'il a pour objet le fret des marchandises existant à bord du navire, — le profit espéré des marchandises, — les loyers des gens de mer, — les sommes empruntées à la grosse, — les profits maritimes des sommes prêtées à la grosse.

Art. 347.

Supprimé.

Suppression adoptée.

Art. 348.

Toute réticence, toute fausse déclaration de la part de l'assuré, toute différence entre le contrat d'assurance et le connaissement, qui diminueraient l'opinion du risque ou en changeraient le sujet, annulent l'assurance. — L'assurance est nulle, même dans le cas où la réticence, la fausse déclaration ou la différence n'auraient pas influé sur le dommage ou la perte de l'objet assuré.

Art. 348.

L'assurance est nulle, s'il y a erreur sur l'identité du navire, du voyage ou de l'objet assuré. La prime est, dans ce cas, restituée à l'assuré.

Adopté.

Art. 348 bis.

Toute réticence, ou toute fausse déclaration de la part de l'assuré qui diminue l'opinion du risque, annule l'assurance. L'assurance est nulle, même dans le cas où la réticence ou la fausse déclaration n'a pas influé sur le dommage ou la perte de l'objet assuré. La prime demeure acquise à l'assureur, et il pourra lui être alloué en outre des dommages-intérêts.

Adopté, sauf la deuxième partie de dernière phrase : *et il pourra lui être alloué en outre des dommages-intérêts.*

L'article 347 est supprimé et l'article 348 adopté, d'accord avec le projet.

Il est donné lecture de l'article 348 *bis*.

M. CHALÈS s'élève contre les dispositions finales de cet article; s'il trouve juste qu'au cas de réticence ou de fausse déclaration de la part de l'assuré, l'assurance soit annulée et la prime acquise à l'assureur, il ne comprend pas qu'il puisse lui être alloué des dommages-intérêts, par cette raison que, payé de sa prime, l'assureur ne peut avoir éprouvé aucun dommage. Tout au plus l'assuré pourrait-il être condamné à une amende pour avoir usé de moyens répréhensibles.

M. CORTÈS appuie les idées émises par M. Chalès et fait remarquer que, la prime restant néanmoins acquise à l'assureur, l'annulation de l'assurance constitue une condamnation de l'assuré à des dommages-intérêts.

La suppression réclamée par M. Chalès est approuvée, et l'article 348 *bis,* ainsi modifié, est adopté.

SECTION II.

DIVISION. Supprimée.

Art. 349.

Si le voyage est rompu avant le départ du vaisseau, même par le fait de l'assuré, l'assurance est annulée; l'assureur reçoit, à titre d'indemnité, demi pour cent de la somme assurée.

Art. 349.

Supprimé.

Suppression adoptée.

Art. 350.

Sont aux risques des assureurs, toutes pertes et dommages qui arrivent aux objets assurés, par tempête, naufrage, échouement, abordage fortuit, changements forcés de route, de voyage ou de vaisseau, par jet, feu, prise, pillage, arrêt par ordre de puissance, déclaration de guerre, représailles, et généralement par toutes les autres fortunes de mer.

Art. 350.

Sont aux risques des assureurs toutes pertes et dommages qui arrivent aux choses assurées par tempête, naufrage, échouement, abordage, changements forcés de route, de voyage ou de navire, jet, feu, explosion, pillage, piraterie et baraterie, et généralement tous accidents et fortunes de mer. Les risques de guerre ne sont à la charge des assureurs qu'autant qu'il y a convention expresse. Dans ce cas les assureurs répondent de tous dommages et pertes qui arrivent aux choses assurées par hostilités, représailles, arrêts, prises et molestations de gouvernements quelconques amis ou ennemis, reconnus ou non reconnus et généralement de tous accidents et fortunes de guerre.

Adopté.

L'article 349 est supprimé et l'article 350 adopté.

TEXTE ACTUEL DU CODE.	MODIFICATIONS PROPOSÉES PAR LE PROJET.	PROPOSITIONS DE LA COMMISSION DE LA CHAMBRE DE COMMERCE.

Art. 351.

Art. 351.

PARTAGE DANS LE SEIN DE LA
SOUS-COMMISSION.

Tout changement de route, de voyage ou de vaisseau, et toutes pertes et dommages provenant du fait de l'assuré, ne sont point à la charge de l'assureur, et même la prime lui est acquise, s'il a commencé à courir les risques.

1re RÉDACTION.

L'assurance est annulée par tout changement de route, de voyage ou de vaisseau, provenant du fait de l'assuré, et même la prime est acquise à l'assureur, s'il a commencé à courir les risques. Toutefois, si l'assurance est faite à l'année ou au mois, la prime acquise sera proportionnelle aux risques courus, le mois commencé comptant comme fini.

2e RÉDACTION.

L'assurance peut être déclarée nulle pour changement de route, de voyage ou de vaisseau, etc. (le reste comme ci-contre).

Première rédaction adoptée.

Art. 352.

Art. 352.

Les déchets, diminutions et pertes qui arrivent par le vice propre de la chose, et les dommages causés par le fait et faute des propriétaires, affréteurs ou chargeurs, ne sont point à la charge des assureurs.

Les déchets, diminutions et pertes qui arrivent par le vice propre de la chose, et les dommages causés par la faute des assurés, ne sont point à la charge des assureurs.

Adopté.

Art. 353.

Art. 353.

L'assureur n'est point tenu des prévarications et fautes du capitaine et de l'équipage, connues sous le nom de *baraterie de patron*, s'il n'y a convention contraire.

Supprimé.

Il est donné lecture de l'article 351.

Le projet présente deux rédactions nouvelles : la première déclare positivement nulle l'assurance par suite d'un changement de route, de voyage ou de vaisseau provenant des faits de l'assuré; la seconde qui stipule que, dans ce cas, l'assurance *peut être déclarée nulle*.

M. CHAUMEL se prononce pour l'adoption de la première rédaction. Dans son opinion, le contrat d'assurance est un contrat de droit étroit qui doit être strictement renfermé dans les conditions des conventions des parties.

M. Chaumel ne pense pas qu'il doive être laissé au juge le pouvoir discrétionnaire d'arbitrer qu'une assurance faite sur un navire et pour un voyage désigné, à raison desquels la prime aura été fixée suivant le degré de confiance qu'offrent le navire et le voyage, puisse être légalement déclarée ressortir à effet, sur un navire et pour un voyage autres que le navire et le voyage déterminés au contrat. Si, par impossible, une assurance faite sur un navire et pour un voyage désignés au contrat pouvait être arbitrairement transportée d'un navire sur un autre, un assureur se trouverait exposé, non-seulement à assurer un navire qu'il aurait eu des raisons de ne pas prendre, mais encore il se trouverait exposé à assurer des sommes excédant celles limitées par les statuts de la compagnie.

La commission se rallie à la première rédaction, qui demeure adoptée.

Les articles 352 à 368 sont lus et adoptés.

TEXTE ACTUEL DU CODE.	MODIFICATIONS PROPOSÉES PAR LE PROJET.	PROPOSITIONS DE LA COMMISSION DE LA CHAMBRE DE COMMERCE.

Art. 354.

L'assureur n'est point tenu du pilotage, touage et lamanage, ni d'aucune espèce de droits imposés sur le navire et les marchandises.

Art. 354.

Supprimé.

Suppression adoptée.

Art. 355.

Il sera fait désignation, dans la police, des marchandises sujettes, par leur nature, à détérioration particulière ou diminution, comme blés ou sels, ou marchandises susceptibles de coulage ; sinon les assureurs ne répondront point des dommages ou pertes qui pourraient arriver à ces mêmes denrées, si ce n'est toutefois que l'assuré eût ignoré la nature du chargement lors de la signature de la police.

Art. 355.

Il sera fait désignation, dans la déclaration à l'assureur, des marchandises sujettes par leur nature à détérioration particulière ou diminution, comme blés ou sels, ou marchandises susceptibles de coulage ; sinon les assureurs ne répondent point des dommages ou pertes qui pourraient arriver à ces mêmes denrées, à moins, toutefois, que l'assuré n'eût ignoré la nature du chargement lors de la formation du contrat. Dans ce dernier cas, l'assureur pourra avoir droit à une augmentation de la prime.

Adopté.

Art. 356.

Si l'assurance a pour objet des marchandises pour l'aller et le retour, et si, le vaisseau étant parvenu à sa première destination, il ne se fait point de chargement en retour, ou si le chargement en retour n'est pas complet, l'assureur reçoit seulement les deux tiers proportionnels de la prime convenue, s'il n'y a stipulation contraire.

Art. 356.

Supprimé.

Suppression adoptée.

Art. 357.

Un contrat d'assurance ou de réassurance consenti pour une somme excédant la valeur des effets chargés est nul à l'égard de l'assuré seulement, s'il est prouvé qu'il y a dol ou fraude de sa part.

Art. 358.

S'il n'y a ni dol ni fraude, le contrat est valable jusqu'à concurrence de la valeur des effets chargés, d'après l'estimation qui en est faite ou convenue. — En cas de pertes, les assureurs sont tenus d'y contribuer chacun à proportion des sommes par eux assurées. — Ils ne reçoivent pas la prime de cet excédant de valeur, mais seulement l'indemnité de demi pour cent.

Art. 357 et 358.

Un contrat d'assurance ou de réassurance consenti pour une somme excédant la valeur des choses assurées est nul à l'égard de l'assuré seulement, s'il est prouvé qu'il y a eu fraude ou dol de sa part. Dans le même cas, s'il n'y a ni dol ni fraude, le contrat est valable jusqu'à concurrence de la valeur des choses assurées, d'après l'estimation qui en est faite ou convenue. La prime est réduite proportionnellement.

Adopté.

Art. 359.

S'il existe plusieurs contrats d'assurance faits sans fraude sur le même chargement, et que le premier contrat assure l'entière valeur des effets chargés, il subsistera seul. — Les assureurs qui ont signé les contrats subséquents sont libérés; ils ne reçoivent que demi pour cent de la somme assurée. — Si l'entière valeur des effets chargés n'est pas assurée par le premier contrat, les assureurs qui ont signé les contrats subséquents répondent de l'excédant, en suivant l'ordre de la date des contrats.

Art. 359.

S'il existe plusieurs contrats d'assurance faits sans fraude sur le même chargement, et que le premier contrat assure l'entière valeur des choses assurées, il subsistera seul. Les assureurs qui ont signé les contrats subséquents sont libérés. Si l'entière valeur des choses assurées n'est pas couverte par le premier contrat, les assureurs qui ont signé les contrats subséquents répondent de l'excédant, en suivant l'ordre de la date des contrats.

Adopté.

Art. 360.

S'il y a des effets chargés pour le montant des sommes assurées, en cas de perte d'une partie, elle sera payée par tous les assureurs de ces effets, au marc le franc de leur intérêt.

Supprimé.

Suppression adoptée.

Art. 361.

Si l'assurance a lieu divisément pour des marchandises qui doivent être chargées sur plusieurs vaisseaux désignés, avec énonciation de la somme assurée sur chacun, et si le chargement entier est mis sur un seul vaisseau, ou sur un moindre nombre qu'il n'en est désigné dans le contrat, l'assureur n'est tenu que de la somme qu'il a assurée sur le vaisseau ou sur les vaisseaux qui ont reçu le chargement, nonobstant la perte de tous les vaisseaux désignés; et il recevra néanmoins demi pour cent des sommes dont les assurances se trouvent annulées.

Supprimé.

Suppression adoptée.

Art. 362.

Si le capitaine a la liberté d'entrer dans différents ports pour compléter ou échanger son chargement, l'assureur ne court les risques des effets assurés que lorsqu'ils sont à bord, s'il n'y a convention contraire.

Supprimé.

Suppression adoptée.

Art. 363.

Si l'assurance est faite pour un temps limité, l'assureur est libre après l'expiration du temps, et l'assuré peut faire assurer les nouveaux risques.

Supprimé.

Suppression adoptée.

TEXTE ACTUEL DU CODE.	MODIFICATIONS PROPOSÉES PAR LE PROJET.	PROPOSITIONS DE LA COMMISSION DE LA CHAMBRE DE COMMERCE.

Art. 364.

L'assureur est déchargé des risques, et la prime lui est acquise, si l'assuré envoie le vaisseau en un lieu plus éloigné que celui qui est désigné par le contrat, quoique sur la même route. — L'assurance a son entier effet, si le voyage est raccourci.

Art. 364.

Supprimé.

Suppression adoptée.

Art. 365.

Toute assurance faite après la perte ou l'arrivée des objets assurés est nulle, s'il y a présomption qu'avant la signature du contrat l'assuré a pu être informé de la perte, ou l'assureur de l'arrivée des objets assurés.

Art. 365.

Toute assurance faite après la perte ou l'arrivée des choses assurées est nulle, s'il est prouvé que la nouvelle de la perte ou celle de l'arrivée est parvenue, soit au lieu où se trouvait l'assuré, avant qu'il eût donné l'ordre d'assurance, soit au lieu où a été formé le contrat, avant sa formation.

Adopté.

Art. 366.

La présomption existe, si, en comptant trois quarts de myriamètre par heure, sans préjudice des autres preuves, il est établi que de l'endroit de l'arrivée ou de la perte du vaisseau, ou du lieu où la première nouvelle est arrivée, elle a pu être portée dans le lieu où le contrat d'assurance a été passé, avant la signature du contrat.

Art. 366.

Supprimé.

Suppression adoptée.

Art. 367.

Si, cependant, l'assurance est faite sur bonnes ou mauvaises nouvelles, la présomption mentionnée dans les articles précédents n'est point admise. — Le contrat n'est annulé que sur la preuve que l'assuré savait la perte, ou l'assureur l'arrivée du navire, avant la signature du contrat.

Art. 367.

Si, cependant, l'assurance est faite sur bonnes ou mauvaises nouvelles, la présomption mentionnée dans l'article précédent n'est point admise. Le contrat n'est annulé que sur la preuve que l'assuré savait la perte, ou l'assureur l'arrivée du navire, avant la formation du contrat.

Adopté.

Art. 368.

En cas de preuve contre l'assuré, celui-ci paie à l'assureur une double prime. — En cas de preuve contre l'assureur, celui-ci paie à l'assuré une somme double de la prime convenue. — Celui d'entre eux contre qui la preuve est faite est poursuivi correctionnellement.

Art. 368.

Maintenu, moins le troisième paragraphe.

Adopté.

SECTION III.

DU DÉLAISSEMENT.

SECTION II.

DU DÉLAISSEMENT.

ART. 369.

ART. 369.

PARTAGE DANS LE SEIN DE LA
SOUS-COMMISSION.

Le délaissement des objets assurés peut être fait : — en cas de prise, — de naufrage, — d'échouement avec bris, — d'innavigabilité par fortune de mer, — en cas d'arrêt d'une puissance étrangère, — en cas de perte ou détérioration des effets assurés, si la détérioration ou la perte va au moins à trois quarts. — Il peut être fait, en cas d'arrêt de la part du gouvernement, après le voyage commencé.

1re RÉDACTION.

Le délaissement des choses assurées peut être fait en cas de prise, de naufrage, d'innavigabilité par fortune de mer, d'arrêt d'une puissance étrangère, de perte ou de détérioration des choses assurées, si la détérioration ou la perte est au moins de trois quarts.

2e RÉDACTION.

Le délaissement peut être fait : *pour toutes choses assurées* en cas de destruction ou disparition totale; *pour le navire, le fret et autres accessoires du navire*, il peut être fait en cas d'innavigabilité du navire par fortune de mer; *pour les choses composant le chargement,* en cas de perte ou détérioration, si la détérioration ou la perte va au moins à moitié; en cas de vente en cours de voyage, et dans tous les cas où, par suite d'une fortune de mer, la chose assurée ne parvient pas à sa destination.

Le délaissement du navire peut être fait en cas de prise, de naufrage, d'innavigabilité par fortune de mer, d'arrêt d'une puissance étrangère, de perte ou de détérioration, si la détérioration ou la perte est au moins de trois quarts ; en cas de vente en cours de voyage, et dans tous les autres cas où, par suite d'une fortune de mer, le navire ne parvient pas à sa destination; celui de la marchandise, au cas de prise, d'arrêt d'une puissance étrangère, de perte ou de détérioration par fortune de mer, si elle s'élève au moins aux trois quarts de la valeur en état sain, et au cas où la marchandise avariée d'eau de mer vendue en cours de voyage ne parvient pas à sa destination.

Il est donné lecture de l'article 369.

Le projet propose encore deux rédactions nouvelles : la première admet l'abandon au cas de l'innavigabilité et de la perte ou de la détérioration des choses aux trois quarts de leur valeur; la seconde distingue le corps, le fret et le chargement; l'abandon du navire est admis dans le cas d'innavigabilité, sans stipuler aucune quotité de perte ou de détérioration, et celui de chargement, en cas de perte ou de détérioration, atteignant la demi, et, en outre, au cas de vente en cours de voyage.

MM. Chalès et Chaumel ne pensent pas qu'il y ait lieu de réduire la proportion de la détérioration ou de la perte de la chose assurée à moins des trois quarts de la valeur, pour donner ouverture à exercer la faculté d'abandon. Si l'abandon devenait facultatif, dès que la perte ou la détérioration atteindrait la moitié de la valeur, le danger des assureurs augmenterait dans une proportion considérable; cette aggravation de risques les placerait dans la nécessité d'élever la prime en rapport, tout au moins, de l'augmentation des risques; l'avantage que la seconde rédaction paraît offrir à l'assuré serait chèrement acheté par les augmentations de prime.

M. Chaumel observe que l'article 369 autorise le délaissement des choses assurées, par conséquent du navire et du *chargement,* au cas de prise, de naufrage, d'*innavigabilité,* etc.; tandis que, d'après l'article 394, le délaissement de la marchandise ne peut être fait que si dans le délai de six mois le capitaine n'a pu trouver de navire pour recharger la marchandise et la conduire à destination. M. Chaumel voit dans ces deux articles au moins l'apparence d'une contradiction, puisque, d'après l'article 369, l'innavigabilité donne ouverture au délaissement, tandis que, d'après l'article 394, le délaissement ne peut être fait qu'après que le capitaine est resté six mois sans trouver un autre navire pour recharger la marchandise.

Aux termes de l'article 369, le délaissement pourra être fait au cas de vente en cours de voyage sans distinguer la vente pour cause d'avarie de la marchandise, de celle faite pour satisfaire aux réparations en cours de voyage.

13

Dans la pratique, la valeur dite *marchandise*, vendue uniquement en vue de fournir au capitaine les fonds indispensables pour continuer son voyage, est remboursée à son propriétaire par voie de contribution entre le navire, le fret et le chargement. M. Chaumel ne suppose pas que les auteurs du projet de révision se soient proposés de modifier la législation sur ce point.

M. Chaumel pense que, pour bien définir les situations du navire et du chargement, il est nécessaire d'indiquer, en termes clairs et précis, les circonstances qui peuvent donner ouverture à leur délaissement respectif. Ainsi, à l'égard du navire, son délaissement deviendrait facultatif au cas de prise, de naufrage, d'innavigabilité par fortune de mer, d'arrêt d'une puissance étrangère et d'avaries ou détériorations par fortune de mer, si les avaries ou détériorations atteignent au moins les trois quarts de la valeur; celui de la marchandise, au cas de prise, d'arrêt d'une puissance étrangère, de perte ou de détérioration par fortune de mer, si elle s'élève au moins aux trois quarts de la valeur de la marchandise à l'état sain, et au cas où la marchandise avariée d'eau de mer est vendue en cours de voyage et ne parvient pas à sa destination.

Art. 370.

Il ne peut être fait avant le voyage commencé.

Art. 370.

Le délaissement peut être fait, en cas d'arrêt de la part du gouvernement, après le voyage commencé. Il ne peut être fait avant le voyage commencé.

Adopté.

Art. 371.

Tous autres dommages sont réputés avaries, et se règlent, entre les assureurs et les assurés, à raison de leurs intérêts.

Art. 371.

Rédaction maintenue.

Adopté.

Art. 372.

Le délaissement des objets assurés ne peut être partiel ni conditionnel. — Il ne s'étend qu'aux effets qui sont l'objet de l'assurance et du risque.

Art. 372.

Rédaction maintenue.

Adopté.

Art. 373.

Le délaissement doit être fait aux assureurs dans le terme de six mois à partir du jour de la réception de la nouvelle de la perte arrivée aux ports ou côtes d'Europe ou sur celles d'Asie et d'Afrique, dans la Méditerranée, ou bien, en cas de prise, de la réception de celle de la conduite du navire dans l'un des ports ou lieux situés aux côtes ci-dessus mentionnées : — dans le délai d'un an après la réception de la nouvelle ou de la perte arrivée ou de la prise conduite en Afrique en deçà du cap de Bonne-Espérance, ou en Amérique en deçà du cap Horn ; — dans le délai de dix-huit mois après la nouvelle des pertes arrivées ou des prises conduites dans toutes les autres parties du monde ; — et, ces délais passés, les assurés ne seront plus recevables à faire le délaissement.

Art. 373.

Rédaction maintenue, sauf suppression du mot ou dans le second alinéa.

Adopté.

Art. 374.

Dans le cas où le délaissement peut être fait, et dans le cas de tous autres accidents au risque des assureurs, l'assuré est tenu de signifier à l'assureur les avis qu'il a reçus. — La signification doit être faite dans les trois jours de la réception de l'avis.

Art. 374.

Dans le cas où le délaissement peut être fait, et dans le cas de tous autres accidents aux risques des assureurs, l'assuré est tenu de *notifier* à l'assureur les avis qu'il a reçus. La *notification* doit être faite dans les trois jours de la réception de l'avis.

Adopté.

Art. 375.

Si, après six mois expirés, à compter du jour du départ du navire ou du jour auquel se rapportent les dernières nou-

Art. 375.

Rédaction maintenue.

Adopté.

Les articles 370 à 393 sont lus et adoptés.

velles reçues, pour les voyages ordinaires ; — après un an, pour les voyages de long-cours, l'assuré déclare n'avoir reçu aucune nouvelle de son navire, il peut faire le délaissement à l'assureur et demander le paiement de l'assurance, sans qu'il soit besoin d'attestation de la perte. Après l'expiration des six mois ou de l'an, l'assuré a, pour agir, les délais établis par l'article 373.

Art. 376.

Dans les cas d'une assurance pour temps limité, après l'expiration des délais établis comme ci-dessus, pour les voyages ordinaires et pour ceux de long-cours, la perte du navire est présumée arrivée dans le temps de l'assurance.

Art. 376.

Dans le cas d'une assurance pour temps limité, à défaut de nouvelles dans les délais établis par l'article précédent, la perte du navire est présumée arrivée dans le temps de l'assurance.

Adopté.

Art. 377.

Sont réputés voyages de long-cours ceux qui se font au-delà des limites ci-après déterminées : — au sud, le 30ᵉ degré de latitude nord ; — au nord, le 72ᵉ degré de latitude nord ; — à l'ouest, le 15ᵉ degré de longitude du méridien de Paris ; — à l'est, le 44ᵉ degré de longitude du méridien de Paris.

Art. 377.

Rédaction maintenue.

Adopté.

Art. 378.

L'assuré peut par la signification mentionnée en l'article 374, ou faire le délaissement avec sommation à l'assureur de payer la somme assurée dans le délai fixé par le contrat, ou se réserver de faire le délaissement dans les délais fixés par la loi.

Art. 378.

Supprimé.

Suppression adoptée.

Art. 379.

L'assuré est tenu, en faisant le délaissement, de déclarer toutes les assurances qu'il a faites ou fait faire, même celles qu'il a ordonnées, et l'argent qu'il a pris à la grosse, soit sur le navire, soit sur les marchandises ; faute de quoi, le délai du paiement, qui doit commencer à courir du jour du délaissement, sera suspendu jusqu'au jour où il fera notifier ladite déclaration, sans qu'il en résulte aucune prorogation du délai établi pour former l'action en délaissement.

Art. 379.

L'assuré est tenu, en faisant le délaissement, de déclarer toutes les assurances qu'il a faites ou fait faire, même celles qu'il a ordonnées, et s'il s'agit d'un navire, l'état des inscriptions hypothécaires existant sur le navire, faute de quoi... *(Le surplus comme ci-contre.)*

Adopté.

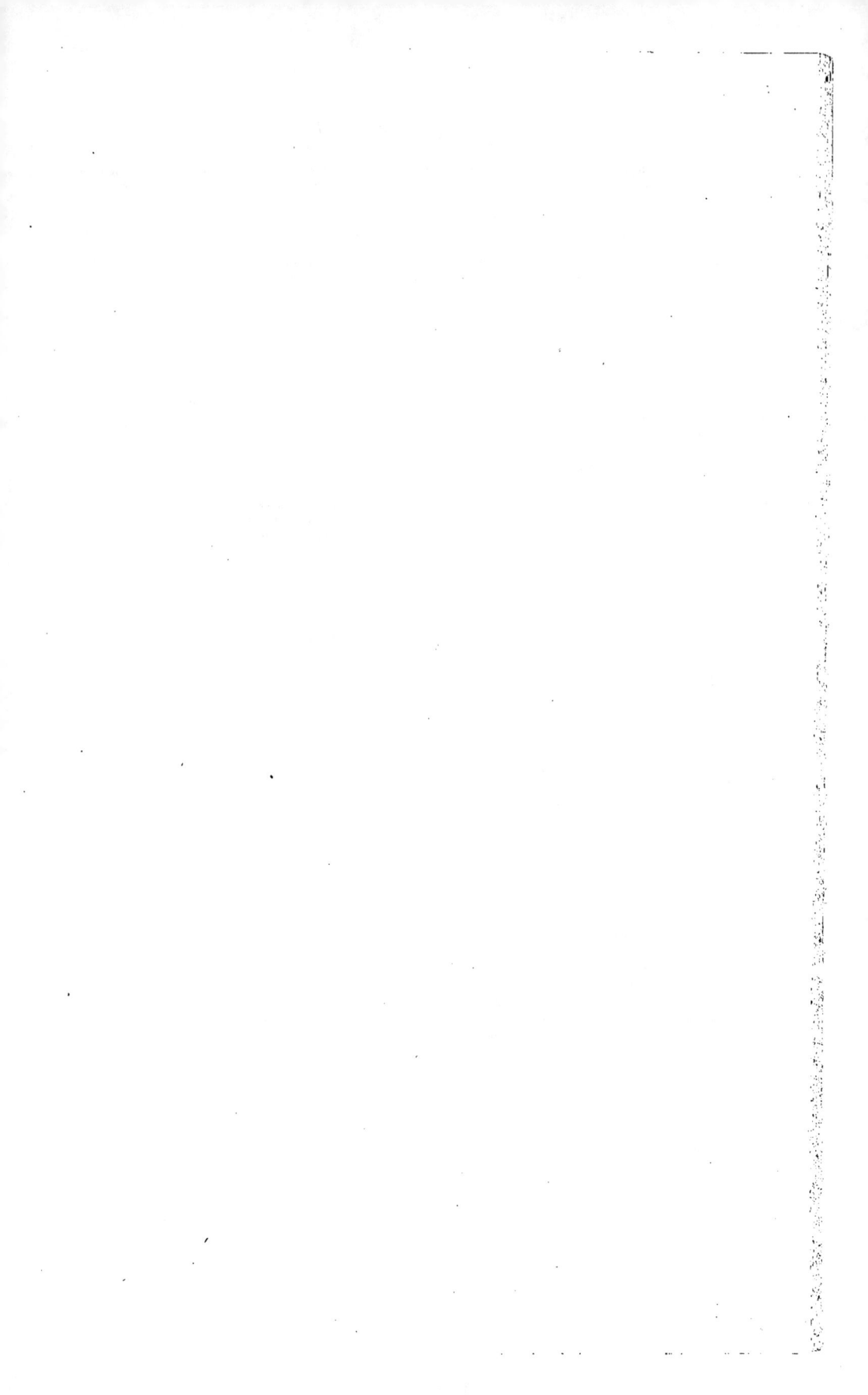

TEXTE ACTUEL DU CODE.	MODIFICATIONS PROPOSÉES PAR LE PROJET.	PROPOSITIONS DE LA COMMISSION DE LA CHAMBRE DE COMMERCE

Art. 380.

En cas de déclaration frauduleuse, l'assuré est privé des effets de l'assurance; il est tenu de payer les sommes empruntées, nonobstant la perte ou la prise du navire.

Art. 380.

En cas de déclaration frauduleuse, l'assuré est privé des effets de l'assurance.

Adopté.

Art. 381.

En cas de naufrage ou d'échouement avec bris, l'assuré doit, sans préjudice du délaissement à faire en temps et lieu, travailler au recouvrement des effets naufragés. Sur son affirmation, les frais de recouvrement lui sont alloués jusqu'à concurrence de la valeur des effets recouvrés.

Art. 381.

En cas de naufrage, l'assuré doit, sans préjudice du délaissement à faire en temps et lieu, travailler au recouvrement des choses naufragées. Sur son affirmation, les frais de recouvrement lui sont alloués jusqu'à concurrence de la valeur des choses recouvrées. L'assureur pourra, à défaut de l'assuré, travailler à ses frais, risques et périls au même recouvrement.

Adopté.

Art. 382.

Si l'époque du paiement n'est point fixée par le contrat, l'assureur est tenu de payer l'assurance trois mois après la signification du délaissement.

Art. 382.

Si l'époque du paiement n'est point fixée par le contrat, l'assureur est tenu de payer l'assurance trois mois après la notification du délaissement.

Adopté.

Art. 383.

Les actes justificatifs du chargement et de la perte sont signifiés à l'assureur avant qu'il puisse être poursuivi pour le paiement des sommes assurées.

Art. 383.

Supprimé.

Suppression adoptée.

Art. 384.

L'assureur est admis à la preuve des faits contraires à ceux qui sont consignés dans les attestations. L'admission à la preuve ne suspend pas les condamnations de l'assureur au paiement provisoire de la somme assurée, à la charge par l'assuré de donner caution. L'engagement de la caution est éteint après quatre années révolues, s'il n'y a pas eu de poursuite.

Art. 384.

L'admission à la preuve contraire aux attestations qui seraient produites par l'assuré ne suspend pas les condamnations de l'assureur au paiement provisoire de la somme assurée, à la charge par l'assuré de donner caution. L'engagement de la caution est atteint après deux années révolues, s'il n'y a pas eu de poursuite.

Adopté.

Art. 385.

Le délaissement signifié et accepté ou jugé valable, les effets assurés appartiennent à l'assureur, à partir de l'époque du délaissement. — L'assureur ne peut, sous prétexte du retour du navire, se dispenser de payer la somme assurée.

Art. 385.

Rédaction maintenue.

Adopté.

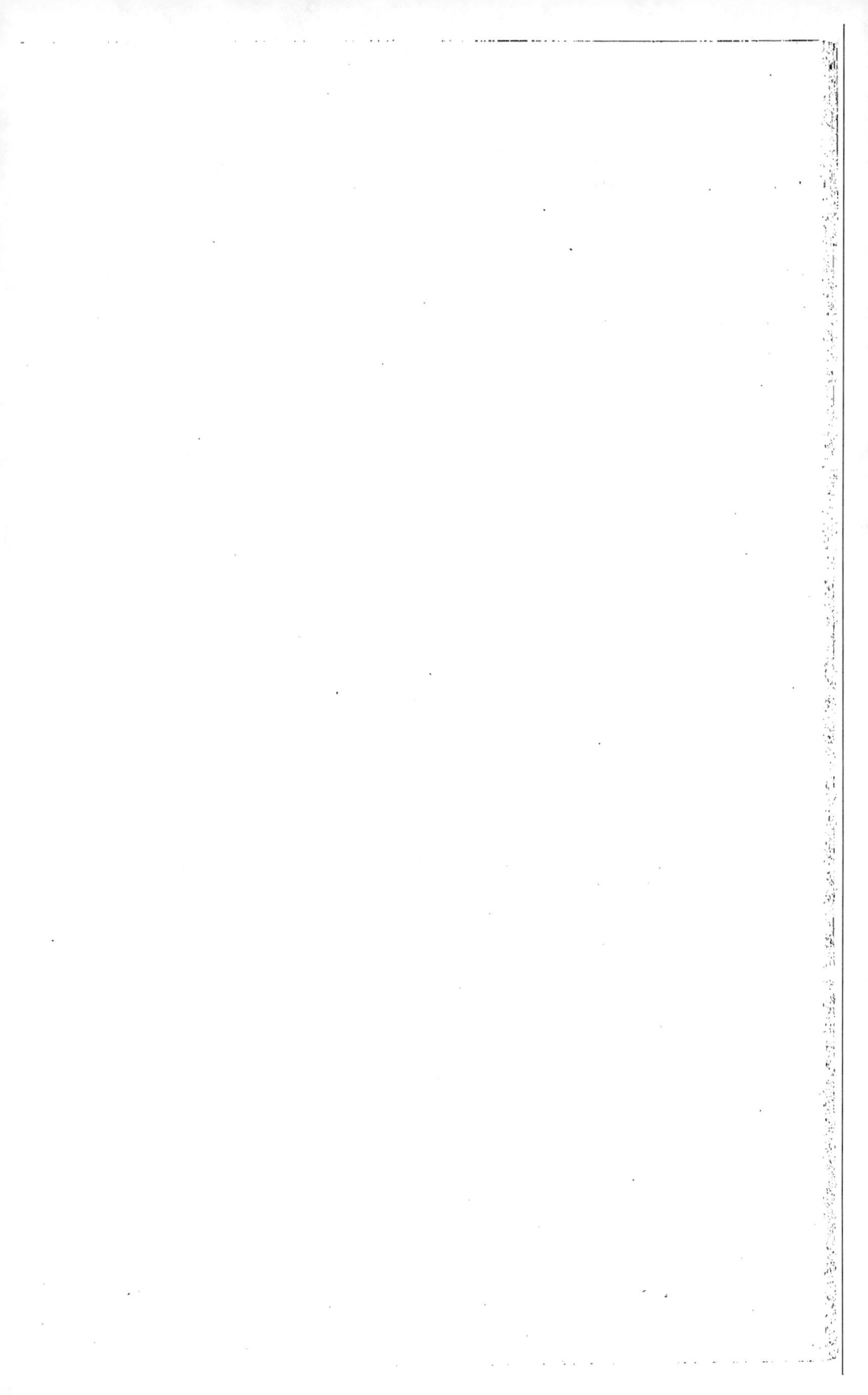

TEXTE ACTUEL DU CODE.	MODIFICATIONS PROPOSÉES PAR LE PROJET.	PROPOSITIONS DE LA COMMISSION DE LA CHAMBRE DE COMMERCE.

Art. 386.

Le fret des marchandises sauvées, quand même il aurait été payé d'avance, fait partie du délaissement du navire, et appartient également à l'assureur sans préjudice des droits des prêteurs à la grosse, de ceux des matelots pour leur loyer, et des frais et dépenses pendant le voyage.

Art. 386.

Supprimé.

Suppression adoptée.

Art. 387.

En cas d'arrêt de la part d'une puissance, l'assuré est tenu de faire la signification à l'assureur, dans les trois jours de la réception de la nouvelle. — Le délaissement des objets arrêtés ne peut être fait qu'après un délai de six mois de la signification, si l'arrêt a eu lieu dans les mers de l'Europe, dans la Méditerranée ou dans la Baltique ; — qu'après le délai d'un an, si l'arrêt a eu lieu en pays plus éloigné. — Ces délais ne courent que du jour de la signification de l'arrêt. — Dans le cas où les marchandises arrêtées seraient périssables, les délais ci-dessus mentionnés sont réduits à un mois et demi pour le premier cas, et à trois mois pour le second cas.

Art. 387.

Rédaction maintenue, sauf substitution du mot notification *au mot* signification.

Adopté.

Art. 388.

Pendant les délais portés par l'article précédent, les assurés sont tenus de faire toutes diligences qui peuvent dépendre d'eux, à l'effet d'obtenir la mainlevée des effets arrêtés. — Pourront, de leur côté, les assureurs, ou de concert avec les assurés, ou séparément, faire toutes démarches à même fin.

Art. 388.

Rédaction maintenue.

Adopté.

Art. 389.

Le délaissement à titre d'innavigabilité ne peut être fait, si le navire échoué peut être relevé, réparé et mis en état de continuer sa route pour le lieu de sa destination. — Dans ce cas, l'assuré conserve son recours sur les assureurs, pour les frais et avaries occasionnés par l'échouement.

Art. 389.

Rédaction maintenue.

Adopté.

Art. 390.

Si le navire a été déclaré innavigable, l'assuré sur le chargement est tenu d'en faire la notification dans le délai de trois jours de la réception de la nouvelle.

Art. 390.

Rédaction maintenue.

Adopté.

TEXTE ACTUEL DU CODE.	MODIFICATIONS PROPOSÉES PAR LE PROJET.	PROPOSITIONS DE LA COMMISSION DE LA CHAMBRE DE COMMERCE.

ART. 391.

Le capitaine est tenu, dans ce cas, de faire toutes diligences pour se procurer un autre navire à l'effet de transporter les marchandises au lieu de leur destination.

ART. 391.

Rédaction maintenue, plus un second alinéa ainsi conçu : « L'assureur pourra, à défaut du capitaine, faire les mêmes diligences à ses frais, risques et périls. »

Adopté.

ART. 392.

L'assureur court les risques des marchandises chargées sur un autre navire, dans le cas prévu par l'article précédent, jusqu'à leur arrivée et leur déchargement.

ART. 392.

Rédaction maintenue.

Adopté.

ART. 393.

L'assureur est tenu, en outre, des avaries, frais de déchargement, magasinage, rembarquement, de l'excédant du fret, et de tous autres frais qui auront été faits pour sauver les marchandises, jusqu'à concurrence de la somme assurée.

ART. 393.

Rédaction maintenue.

Adopté.

ART. 394.

Si, dans les délais prescrits par l'article 387, le capitaine n'a pu trouver de navire pour recharger les marchandises et les conduire au lieu de leur destination, l'assuré peut en faire le délaissement.

ART. 394.

Rédaction maintenue, sauf substitution de l'article 364 à l'article 387.

Article du Code maintenu, sauf cett modification : *Si, dans le délai de si mois, le capitaine n'a pu trouver de na vire, etc.*

ART. 395.

En cas de prise, si l'assuré n'a pu en donner avis à l'assureur, il peut racheter les effets sans attendre son ordre. — L'assuré est tenu de signifier à l'assureur la composition qu'il aura faite, aussitôt qu'il en aura les moyens.

ART. 395.

Rédaction maintenue.

Adopté.

ART. 396.

L'assureur a le choix de prendre la composition à son compte, ou d'y renoncer : il est tenu de notifier son choix à l'assuré dans les vingt-quatre heures qui suivent la signification de la composition. — S'il déclare prendre la composition à son profit, il est tenu de contribuer, sans délai, au paiement du rachat dans les termes de la convention, et à

ART. 396.

Rédaction maintenue.

Adopté.

Il est passé à l'article 394.

La commission pense que, par suite de la rapidité des communications avec toutes les parties du monde, il y a lieu de ramener à un délai unique celui après lequel un abandon sera facultatif, lorsqu'après la perte ou l'innavigabilité de son navire, le capitaine n'aura pas trouvé de navire pour recharger les marchandises et les conduire à destination; elle s'arrête au délai de six mois.

Les articles 395 et 396 sont lus et maintenus.

proportion de son intérêt; et il continue de courir les risques du voyage, conformément au contrat d'assurance. — S'il déclare renoncer au profit de la composition, il est tenu au paiement de la somme assurée, sans pouvoir rien prétendre aux effets rachetés. — Lorsque l'assureur n'a pas notifié son choix dans le délai susdit, il est censé avoir renoncé au profit de la composition.

ARTICLE NOUVEAU.

La clause franc d'avaries affranchit les assureurs de toutes avaries, soit communes, soit particulières, excepté dans les cas qui donnent ouverture au délaissement, et, dans ces cas, les assurés ont l'option entre le délaissement et l'exercice d'action d'avarie.

Adopté.

L'article nouveau est adopté.

———————

TITRE XI.

DES AVARIES ET DE L'ABORDAGE.

SECTION PREMIÈRE.

DES AVARIES.

Art. 397.

Toutes dépenses extraordinaires faites pour le navire et les marchandises, conjointement ou séparément, — tout dommage qui arrive au navire ou aux marchandises, depuis leur chargement et départ jusqu'à leur retour et déchargement, — sont réputés avaries.

Art. 397.

Toutes dépenses extraordinaires faites pour le navire et les marchandises conjointement ou séparément, tout dommage qui arrive au navire et aux marchandises, depuis le chargement, sont réputés avaries.

Adopté.

Art. 398.

A défaut de conventions spéciales entre toutes les parties, les avaries sont réglées conformément aux dispositions ci-après.

Art. 398.

A défaut de conventions spéciales entre toutes les parties, les avaries sont réglées conformément aux dispositions ci-après.

Adopté.

Art. 399.

Les avaries sont de deux classes : avaries grosses ou communes, et avaries simples ou particulières.

Art. 399.

Les avaries sont de deux classes : avaries communes et avaries particulières.

Adopté.

Art. 400.

Sont avaries communes : — 1° les choses données par composition et à titre de rachat du navire et des marchandises; — 2° celles qui sont jetées à la mer; — 3° les câbles ou mâts rompus ou coupés; — 4° les ancres et autres effets abandonnés pour le salut commun ; — 5° les dommages occasionnés par le jet aux marchandises restées dans le navire; — 6° les pansement et nourriture des matelots blessés en défendant le navire, les loyer et nourriture des matelots pendant la détention, quand le navire est arrêté en voyage par ordre d'une puis-

Art. 400.

Sont avaries communes les dépenses extraordinaires faites et les dommages soufferts par un acte de volonté, pour le bien ou salut commun du navire et des marchandises.

Adopté.

Art. 403.

Sont avaries particulières les dépenses extraordinaires faites pour le navire seul ou pour les marchandises seules, et les dommages qui leur arrivent en particulier.

Adopté.

SÉANCE DU SAMEDI 9 MARS 1867

Il est donné lecture des articles 397 à 403; aucune observation n'étant faite, ces articles sont adoptés.

sance, et pendant les réparations des dommages volontairement soufferts pour le salut commun, si le navire est affrété au mois ; — 7° les frais du déchargement pour alléger le navire et entrer dans un havre ou dans une rivière, quand le navire est contraint de le faire par tempête ou par la poursuite de l'ennemi ; — 8° les frais faits pour remettre à flot le navire échoué dans l'intention d'éviter la perte totale ou la prise ; — et, en général, les dommages soufferts volontairement et les dépenses faites d'après délibérations motivées, pour le bien et salut commun du navire et des marchandises, depuis leur chargement et départ jusqu'à leur retour et déchargement.

Art. 401.

Les avaries communes sont supportées par les marchandises et par la moitié du navire et du fret, au marc le franc de la valeur.

Art. 402.

Le prix des marchandises est établi par leur valeur au lieu du déchargement.

Art. 403.

Sont avaries particulières : — 1° le dommage arrivé aux marchandises par leur vice propre, par tempête, prise, naufrage ou échouement ; — 2° les frais faits pour les sauver ; — 3° la perte des câbles, ancres, voiles, mâts, cordages, causée par tempête ou autre accident de mer ; — les dépenses résultant de toutes relâches occasionnées soit par la perte fortuite de ces objets, soit par le besoin d'avitaillement, soit par la voie d'eau à réparer ; — 4° la nourriture et loyer des matelots pendant la détention, quand le navire est arrêté en voyage par ordre d'une puissance et pendant les réparations qu'on est obligé de faire si le navire est affrété au voyage ; — 5° la nourriture et le loyer des matelots pendant la quarantaine, que le navire soit loué au voyage ou au mois ; — et, en général, les dépenses faites et le dommage souffert pour le navire seul ou pour les marchandises seules, depuis leur chargement et départ jusqu'à leur retour et déchargement.

Art. 400.

Sont notamment avaries communes :
1° Les choses données par composition et à titre de rachat du navire et des marchandises ;
2° Les choses non chargées sur le pont et jetées à la mer pour le salut commun, les dommages occasionnés par le jet de ces choses aux marchandises restées dans la cale et au navire ;
3° Les câbles, mâts et agrès coupés, les ancres et autres effets abandonnés, le tout pour le salut commun ;
4° Les pansement et nourriture des hommes blessés en défendant le navire, les loyer et nourriture de l'équipage pendant la détention, quand le navire est arrêté en voyage par ordre d'une puissance, et pendant les réparations faites dans un port de relâche, lorsque les dépenses de la relâche sont avaries communes ;
5° Les frais faits dans l'intérêt commun pour remettre à flot le navire échoué ; les dépenses et indemnités de remorquage ou de sauvetage allouées dans l'intérêt commun ;
6° Les dommages causés au navire et aux marchandises par les mesures prises pour éteindre un incendie à bord ;
7° La perte des marchandises mises dans des barques pour alléger le navire entrant dans un port de relâche ;
8° Les dépenses de toutes relâches effectuées à la suite de fortunes de mer, qui mettraient le navire et la cargaison, si la navigation était continuée, en état de péril commun.

Art. 404.

Dans le cas du dernier paragraphe de l'article précédent, le coût de la réparation des dommages particuliers éprouvés par le navire demeure avarie particulière au navire. Les dommages particuliers éprouvés par les marchandises demeurent avaries particulières aux marchandises qui en ont souffert.

Les dépenses admises en avaries communes sont celles qui sont occasionnées par la relâche même ou la nécessité des réparations dans l'intérêt commun et dans la mesure de cet intérêt, telles que pilotage ou remorquage d'entrée ou de sortie, droits de ports et autres, déchargement, magasinage, rechargement,

Adopté, sauf la modification suivante au second paragraphe :
Les choses chargées sous franc tillac jetées, etc.

Adopté.

Il est passé à un second article sous le n° 400.

M. BUHAN propose de modifier la rédaction du second paragraphe, de remplacer ces mots « *les choses non chargées sur le pont* » par « *les choses chargées sous franc tillac* », ce qui est agréé.

L'article, ainsi modifié, est adopté.

L'article 404 est lu et adopté.

Art. 404.

Les avaries particulières sont supportées et payées par le propriétaire de la chose qui a essuyé le dommage ou occasionné la dépense.

Art. 405.

Les dommages arrivés aux marchandises, faute par le capitaine d'avoir bien fermé les écoutilles, amarré le navire, fourni de bons guindages, et par tous autres accidents provenant de la négligence du capitaine ou de l'équipage, sont également des avaries particulières supportées par le propriétaire des marchandises, mais pour lesquelles il a son recours contre le capitaine, le navire et le fret.

Art. 406.

Les lamanages, touages, pilotages, pour entrer dans les havres ou rivières, ou pour en sortir, les droits de congés, visites, rapports, tonnes, balises, ancrages et autres droits de navigation, ne sont point avaries; mais ils sont de simples frais à la charge du navire.

Art. 407.

En cas d'abordage de navires, si l'événement a été purement fortuit, le dommage est supporté, sans répétition, par celui des navires qui l'a éprouvé. — Si l'abordage a été fait par la faute de l'un des capitaines, le dommage est payé par celui qui l'a causé. — S'il y a doute dans les causes de l'abordage, le dommage est réparé à frais communs, et par égale portion, par les navires qui l'ont fait et souffert. — Dans ces deux derniers cas, l'estimation du dommage est faite par experts.

Art. 408.

Une demande pour avaries n'est point recevable, si l'avarie commune n'excède pas un pour cent de la valeur cumulée du navire et des marchandises, et si l'avarie particulière n'excède pas aussi un pour cent de la valeur de la chose endommagée.

commissions de consignation de la cargaison, vivres et gages de l'équipage pendant les réparations.

ARTICLE NOUVEAU.

Si la relâche est motivée par une voie d'eau ou par d'autres avaries qui soient reconnues provenir du vice propre du navire, toutes les dépenses sont avaries particulières au navire. Si la relâche est motivée par la fermentation spontanée ou par d'autres vices propres de la marchandise, toutes les dépenses sont avaries particulières à la marchandise.

ARTICLE NOUVEAU.

Si la relâche est motivée par une voie d'eau ou par d'autres avaries qui soient reconnues provenir du vice propre du navire, toutes les dépenses sont avaries particulières au navire. Si la relâche est motivée par des vices propres de la marchandise, toutes les dépenses sont avaries particulières à la marchandise.

Au cas d'insuffisance de la valeur de la marchandise, l'excédant est classé avaries communes.

Il est donné lecture d'un article nouveau du projet, d'après lequel, si la relâche est motivée par la fermentation spontanée ou par d'autres vices propres de la marchandise, toutes les dépenses de la relâche sont avaries particulières à la marchandise.

M. Chaumel fait remarquer que la fermentation et la combustion spontanées peuvent être provoquées par bien des causes : par la nature même de la marchandise, par un séjour prolongé dans la cale par suite d'un retard imprévu, par un égout, par les émanations des autres marchandises du même chargement, par le défaut d'avoir pourvu le navire de moyens suffisants d'aération intérieure pour donner issue à la fermentation ou l'empêcher de se produire, autant de cas qu'il est très-difficile, sinon impossible, de pouvoir déterminer, avec certitude, avoir été la cause réelle de la fermentation. Dans cette incertitude, la fermentation spontanée paraîtrait à M. Chaumel devoir être attribuée à toutes les causes à la fois, et, par suite, la dépense de la relâche pour le salut commun être réglée comme avarie commune, bien qu'il n'y ait eu ni jet à la mer ni sacrifices délibérés, principe qui caractérise l'avarie commune.

MM. Buhan et Chalès reconnaissent ce que les observations de M. Chaumel ont de fondé; ils ne pensent pas, néanmoins, que, dans cette circonstance, la relâche n'ayant pas pour but de réparer un dommage délibéré et souffert pour le salut commun, les frais de la relâche puissent être réglés en avaries communes; cette opinion est partagée par la commission.

M. Buhan propose de supprimer de cet article ce qui est dit de la fermentation spontanée, et de s'en tenir au terme générique de vice propre. Cette proposition est agréée.

M. Chaumel fait observer que si, au cas de fermentation spontanée, tous les frais de la relâche sont avaries particulières à la marchandise, le chargeur, quelquefois commissionnaire transitaire, ainsi que le destinataire, pourront être exposés à une responsabilité excessive qu'il serait prudent de borner à la valeur même de la marchandise entrée en fermentation. M. Chaumel propose, en conséquence, d'ajouter une nouvelle disposition à l'article du projet, ainsi formulée : « Au cas d'in-

Art. 409.

La clause *franc d'avaries* affranchit les assureurs de toutes avaries, soit communes, soit particulières, excepté dans les cas qui donnent ouverture au délaissement; et, dans ces cas, les assurés ont l'option entre le délaissement et l'exercice d'action d'avarie.

ARTICLE NOUVEAU.

Le défoncement des voiles, les dommages causés par un forcement de voiles ou de vapeur, le jet à la mer d'agrès ou autres objets du navire s'étant trouvés sur le pont, ne sont pas avaries communes.

Adopté.

TITRE XII.

DU JET ET DE LA CONTRIBUTION.

Art. 410.

Si, par tempête ou par la chasse de l'ennemi, le capitaine se croit obligé, pour le salut du navire, de jeter en mer une partie de son chargement, de couper ses mâts ou d'abandonner ses ancres, il prend l'avis des intéressés au chargement qui se trouvent dans le vaisseau et des principaux de l'équipage. — S'il y a diversité d'avis, celui du capitaine et des principaux de l'équipage est suivi.

ARTICLE NOUVEAU.

Le jet des marchandises chargées sur le pont sans l'autorisation du chargeur n'est point avarie commune. Le propriétaire a son recours contre le capitaine, le navire et le fret. Le jet des marchandises chargées sur le pont, avec l'autorisation du chargeur, est avarie commune entre le navire, le fret et toutes marchandises du chargeur ou des chargeurs qui ont autorisé le chargement sur le pont. Les autres chargeurs ne peuvent être appelés à y contribuer. Toutefois, si des marchandises ont été chargées sur le pont à raison de leur nature inflammable ou dangereuse, le jet de ces marchandises et tous dommages qui leur arrivent sont aux risques particuliers du propriétaire, sans contribution ni recours.

ARTICLE NOUVEAU.

Le jet des marchandises chargées su le pont sans l'autorisation du chargeu est à la charge du navire. Le jet de marchandises chargées sur le pont, avec l'autorisation du chargeur, est avari particulière à la marchandise.

Art. 411.

Les choses les moins nécessaires, les plus pesantes et de moindre prix, sont jetées les premières, et ensuite les marchandises du premier pont, au choix du capitaine et par l'avis des principaux de l'équipage.

Art. 412.

Le capitaine est tenu de rédiger par écrit la délibération aussitôt qu'il en a les moyens. — La délibération exprime les motifs qui ont déterminé le jet, — les objets jetés ou endommagés. — Elle présente la signature des délibérants ou les motifs de leur refus de signer. — Elle est transcrite sur le registre.

Art. 413.

Au premier port où le navire abordera, le capitaine est tenu, dans les vingt-

suffisance de la valeur de la marchandise, l'excédant de la dépense devient avarie commune. »

Cette proposition est adoptée, ainsi que l'article modifié dans sa rédaction.

Le 2ᵉ article nouveau est lu et adopté.

Il est donné lecture du 3ᵉ article nouveau.

M. Chalès pense que la première partie de cet article devrait être simplifiée; il propose, en conséquence, de dire que le jet des marchandises chargées sur le pont sans l'autorisation du chargeur sera à la charge du navire.

D'après M. Chaumel, le jet des marchandises chargées sur le pont avec l'autorisation du chargeur devrait être avarie particulière à la marchandise et non pas avarie commune entre les marchandises du même chargeur, le navire et le fret. Le chargeur connaît le danger auquel est exposée la marchandise qu'il consent à charger sur le pont; en outre, ces marchandises paient, en général, un fret moindre que celles placées dans le navire.

Dans cet état, il ne paraît pas juste à M. Chaumel que le jet des marchandises chargées sur le pont avec l'autorisation du chargeur soit avarie commune entre les marchandises du chargeur, le navire et le fret.

M. Chaumel fait remarquer que les marchandises chargées sur le pont sont ordinairement de très-peu de valeur, comparées à la valeur du navire et du fret, et que, si le jet à la mer était avarie commune entre ces marchandises, le navire et le fret supporteraient à peu près la totalité de la perte, tout comme si la marchandise avait été chargée sur le pont sans l'autorisation du chargeur.

La commission accepte les propositions de MM. Chalès et Chaumel.

L'article, ainsi modifié, est adopté.

quatre heures de son arrivée, d'affirmer les faits contenus dans la délibération transcrite sur le registre.

ART. 414.

L'état des pertes et dommages est fait dans le lieu du déchargement du navire, à la diligence du capitaine et par experts. — Les experts sont nommés par le tribunal de commerce si le déchargement se fait dans un port français. — Dans les lieux où il n'y a pas de tribunal de commerce, les experts sont nommés par le juge de paix. — Ils sont nommés par le consul de France, et, à son défaut, par le magistrat du lieu, si la décharge se fait dans un port étranger. — Les experts prêtent serment avant d'opérer.

ART. 415.

Les marchandises jetées sont estimées suivant le prix courant du lieu du déchargement; leur qualité est constatée par la production des connaissements et des factures, s'il y en a.

ART. 416.

Les experts nommés en vertu de l'article précédent font la répartition des pertes et dommages. — La répartition est rendue exécutoire par l'homologation du tribunal. — Dans les ports étrangers, la répartition est rendue exécutoire par le consul de France, ou, à son défaut, par tout tribunal compétent sur les lieux.

ART. 417.

La répartition pour le paiement des pertes et dommages est faite sur les effets jetés et sauvés, et sur moitié du navire et du fret, à proportion de leur valeur au lieu du déchargement.

ART. 418.

Si la qualité des marchandises a été déguisée par le connaissement, et qu'elles se trouvent d'une plus grande valeur, elles contribuent sur le pied de leur esti-

ARTICLE NOUVEAU.

Le capitaine est tenu de rédiger par écrit le procès-verbal du jet et des autres sacrifices faits aussitôt qu'il en a les moyens. Le procès-verbal exprime s'il y a eu délibération des principaux de l'équipage. Il énonce les motifs qui ont déterminé le sacrifice, les choses sacrifiées, abandonnées, jetées ou endommagées. Il est signé des principaux de l'équipage ou énonce les motifs de leur refus de signer. Il est transcrit sur le registre.

ART. 413.

Au premier port où le navire abordera, le capitaine est tenu, dans les vingt-quatre heures de son arrivée, d'affirmer les faits contenus dans le procès-verbal.

ART. 418.

Si la nature, l'espèce, la qualité ou la valeur des marchandises a été déguisée par le connaissement, et qu'elles se trouvent d'une plus grande valeur, elles contribuent d'après leur valeur réelle, si elles sont sauvées; elles sont payées d'après les désignations du connaissement, si elles sont jetées. Si elles se trouvent d'une moindre valeur, elles contribuent d'après les désignations du connaissement, si elles sont sauvées; elles sont payées d'après leur valeur réelle, si elles sont jetées.

ART. 420 et 421 (anciens).

Les effets dont il n'y a pas connaissement ou déclaration du capitaine ne sont pas payés, s'ils sont jetés. Ils contribuent, s'ils sont sauvés.

ARTICLE NOUVEAU.

Si le navire est échoué volontairement parce qu'il est sur le point d'être pris ou de couler bas, ou incapable de gagner un port de refuge, ou encore s'il échoue en cherchant à gagner un port de refuge, les dommages causés par l'échouement soit au navire, soit aux marchan-

Adopté.

Adopté.

Adopté.

Adopté.

Adopté.

L'article 4 nouveau, ainsi que les articles 413, 418, 420 et 421 sont lus et adoptés, de même que les trois articles nouveaux qui font suite à l'article 421 du projet.

mation, si elles sont sauvées; — elles sont payées d'après la qualité désignée par le connaissement, si elles sont perdues. — Si les marchandises déclarées sont d'une qualité inférieure à celle qui est indiquée par le connaissement, elles contribuent d'après la qualité indiquée par le connaissement, si elles sont sauvées; — elles sont payées sur le pied de leur valeur, si elles sont jetées ou endommagées.

Art. 419.

Les munitions de guerre ou de bouche et les hardes des gens de l'équipage ne contribuent point au jet; la valeur de celles qui auront été jetées sera payée par contribution sur tous les autres effets.

Art. 420.

Les effets dont il n'y a pas de connaissement ou déclaration du capitaine ne sont pas payés s'ils sont jetés; ils contribuent s'ils sont sauvés.

Art. 421.

Les effets chargés sur le tillac du navire contribuent s'ils sont sauvés. S'ils sont jetés ou endommagés par le jet, le propriétaire n'est point admis à former une demande en contribution : il ne peut exercer son recours que contre le capitaine.

Art. 422.

Il n'y a lieu à contribution pour raison du dommage arrivé au navire que dans le cas où le dommage a été fait pour faciliter le jet.

Art. 423.

Si le jet ne sauve le navire, il n'y a lieu à aucune contribution. — Les marchandises sauvées ne sont point tenues du paiement ni du dédommagement de celles qui ont été jetées ou endommagées.

---

discs, ne sont point avaries communes. Les frais faits pour le renflouement ultérieur sont avaries communes, s'ils sont faits dans l'intérêt commun.

ARTICLE NOUVEAU.

Il n'y a lieu à aucune contribution pour le remboursement des choses jetées ou sacrifiées, si le sacrifice n'a pas profité à l'intérêt commun, et si les choses qu'on se proposait de sauver n'ont été sauvées ni en totalité ni en partie.

ARTICLE NOUVEAU.

Les avaries communes sont supportées par toutes les choses préservées, proportionnellement aux valeurs nettes préservées. Toutefois, les hardes, vivres et salaires de l'équipage et les bagages des passagers ne contribuent pas à l'avarie commune.

ARTICLE NOUVEAU.

Le règlement de répartition est fait dans le lieu de terminaison du voyage. L'estimation des choses jetées ou sacrifiées dans l'intérêt commun est faite au même lieu.

ARTICLE NOUVEAU.

Toute marchandise préservée contribue pour sa valeur nette, ou son produit net, déduction faite du fret à payer. Le fret payé d'avance et non restituable n'est pas déduit de sa valeur.

ARTICLE NOUVEAU.

Les marchandises jetées ou sacrifiées sont remboursées pour leur valeur, fret compris, à charge de payer le fret. Elles contribuent pour leur valeur, fret déduit, de la même manière que les marchandises préservées.

Adopté.

Adopté.

Article supprimé. — La commission préfère le maintien des articles 414, 415 et 416 du Code.

Adopté.

Adopté.

Il est donné lecture du 4ᵉ article nouveau du projet.

M. Chaumel fait observer qu'il sera très-difficile d'établir, à l'étranger, le règlement d'avaries communes, lorsque le navire aura à débarquer son chargement dans divers ports.

M. Chaumel prend pour exemple un navire partant de France pour Valparaiso et Lima; la terminaison du voyage sera Lima pour le navire, Valparaiso pour la partie du chargement destinée à ce port, et Lima pour le surplus. Si le règlement des avaries se fait à Valparaiso, il ne sera pas possible, en l'absence des factures des marchandises à la destination de Lima, d'établir la valeur de ces marchandises à Valparaiso, et, par conséquent, de former la masse contribuable, base du règlement. Si le règlement doit se faire à Lima, quelle garantie, autre que la promesse de payer ses contributions, le capitaine pourra-t-il réclamer des destinataires de la marchandise débarquée à Valparaiso? Il ne pourra certainement pas exiger de caution, et encore moins le dépôt de la marchandise jusqu'après le paiement de la contribution que le règlement ultérieur pourra mettre à leur charge. Il y aurait bien un moyen de surmonter toutes ces difficultés : ce serait d'obliger les chargeurs à déclarer sur le connaissement la valeur de la marchandise chargée, ce qui permettrait de former la

TEXTE ACTUEL DU CODE.	MODIFICATIONS PROPOSÉES PAR LE PROJET.	PROPOSITIONS DE LA COMMISSION DE LA CHAMBRE DE COMMERCE.

ART. 424.

Si le jet sauve le navire, et si le navire, en continuant sa route, vient à se perdre, les effets sauvés contribuent au jet sur le pied de leur valeur en l'état où ils se trouvent, déduction faite des frais de sauvetage.

ARTICLE NOUVEAU.

Le navire contribue pour sa valeur au lieu de la terminaison du voyage, ou pour son produit s'il a été vendu, déduction faite de l'avarie particulière qui a accompagné l'avarie commune ou qui lui a été postérieure.

Adopté.

ART. 425.

Les effets jetés ne contribuent en aucun cas au paiement des dommages arrivés depuis le jet aux marchandises sauvées. — Les marchandises ne contribuent point au paiement du navire perdu ou réduit à l'état d'innavigabilité.

ARTICLE NOUVEAU.

Le fret non payé d'avance ou payé d'avance et restituable contribue pour la moitié de son montant brut.

Adopté.

ART. 426.

Si, en vertu d'une délibération, le navire a été ouvert pour en extraire les marchandises, elles contribuent à la réparation du dommage causé au navire.

ARTICLE NOUVEAU.

Toutes valeurs remboursées par l'avarie commune s'ajoutent à la masse contribuable et supportent elles-mêmes la contribution proportionnelle.

Adopté.

ART. 427.

En cas de perte des marchandises mises dans des barques pour alléger le navire entrant dans un port ou en rivière, la répartition en est faite sur le navire et son chargement en entier. — Si le navire périt avec le reste de son chargement, il n'est fait aucune répartition sur les marchandises mises dans les allèges, quoiqu'elles arrivent à bon port.

ARTICLE NOUVEAU.

Le règlement de répartition est dressé par experts nommés à la requête de la partie la plus diligente, en France, par le tribunal de commerce, ou, à son défaut, par le juge de paix; à l'étranger, par le consul de France ou le magistrat du lieu. Les experts prêtent serment avant d'opérer. Ils procèdent à toutes vérifications et estimations. La répartition est rendue exécutoire par l'homologation du tribunal compétent ou du consul.

Adopté.

ART. 428.

Dans tous les cas ci-dessus exprimés, le capitaine et l'équipage sont privilégiés sur les marchandises ou le prix en provenant pour le montant de la contribution.

ART. 428.

Le capitaine et l'équipage sont privilégiés sur les marchandises, ou le prix en provenant, pour le montant de la contribution.

ART. 428.

Le capitaine et l'équipage sont privilégiés sur les marchandises, ou le prix en provenant, pour le remboursement de leurs effets compris dans le jet ou sacrifice fait dans l'intérêt commun.

ART. 429.

Si, depuis la répartition, les effets jetés sont recouvrés par les propriétaires, ils sont tenus de rapporter au capitaine et aux intéressés ce qu'ils ont reçu dans la contribution, déduction faite des dommages causés par le jet et des frais de recouvrement.

ART. 429.

Si, depuis la contribution, les choses jetées ou sacrifiées sont recouvrées par les propriétaires, ils sont tenus de rapporter aux intéressés ce qu'ils ont reçu de trop.

Adopté.

masse contribuable et de procéder en tous lieux au règlement des avaries.

Ces innovations pourraient jeter de la confusion dans l'esprit du capitaine, ce qu'il est essentiel d'éviter. Les règlements d'avaries n'ont pas, jusqu'ici, donné lieu à des difficultés sérieuses sous l'empire de la règle établie par le Code; à côté de l'avantage d'améliorer est le danger d'innover. La commission s'est prononcée pour le maintien pur et simple des articles 414, 415 et 416 du Code.

TEXTE ACTUEL DU CODE.	MODIFICATIONS PROPOSÉES PAR LE PROJET.	PROPOSITIONS DE LA COMMISSION DE LA CHAMBRE DE COMMERCE.

SECTION II.

DE L'ABORDAGE.

ARTICLE NOUVEAU.

PARTAGE DANS LE SEIN DE LA SOUS-COMMISSION.

Deux rédactions :

1re RÉDACTION.	2e RÉDACTION.	
En cas d'abordage de navires, si l'événement a été purement fortuit, ou déterminé par des faits de force majeure, les dommages sont supportés, sans répétition, par les choses qui les ont éprouvés. S'il y a doute dans les causes de l'abordage, le dommage est réparé à frais communs et par égale portion par les navires qui l'ont fait et souffert.	En cas d'abordage de navires, si l'événement a été purement fortuit, ou déterminé par des faits de force majeure, ou encore s'il y a eu doute sur les causes de l'abordage, les dommages sont supportés, sans répétition, par les choses qui les ont éprouvés.	La seconde rédaction est adoptée.

ARTICLE NOUVEAU.

PARTAGE DANS LE SEIN DE LA SOUS-COMMISSION.

1re RÉDACTION.	2e RÉDACTION.	
Si l'abordage a été causé par une faute, tous les dommages sont supportés par le navire à bord duquel la faute a été commise. La présence de pilotes ne fait pas obstacle à l'exercice du recours contre le navire à bord duquel la faute a été commise.	Comme ci-contre, moins le deuxième paragraphe.	Première rédaction adoptée.

SÉANCE DU LUNDI 11 MARS 1867

Section II. — *De l'abordage.*

Le premier article du projet se présente avec deux rédactions. La commission se rallie à la deuxième, et reconnaît que le doute ne peut pas entraîner une condamnation, qui ne peut être prononcée qu'au cas de faute prouvée et d'une demande justifiée.

Il est passé à l'article 2 du projet.

Cet article se présente encore avec deux rédactions : la première, complétée par cette disposition qu'au cas d'abordage, la présence de pilotes ne fait pas obstacle à l'exercice du recours contre le navire à bord duquel la faute a été commise.

M. CHALÈS accepte cette disposition par la raison que le pilote n'a ni le commandement ni la direction absolues du navire; le pilote supplée le capitaine dans son commandement; il devient, dans cette fonction, un préposé de l'armateur, comme l'est le capitaine lui-même. M. Chalès fait remarquer que l'obligation de payer le pilotage, bien que le capitaine refuse de recevoir le pilote à son bord, est la rémunération d'un service public qui ne pourrait pas exister sans cette obligation.

M. BLANCHY pense que si un capitaine prenait un pêcheur pratique pour le conduire au port, alors qu'il aurait un pilote en vue, le capitaine engagerait sa responsabilité personnelle s'il venait à éprouver

TEXTE ACTUEL DU CODE.

MODIFICATIONS PROPOSÉES PAR LE PROJET.

PROPOSITIONS DE LA COMMISSION DE LA CHAMBRE
DE COMMERCE.

ARTICLE NOUVEAU.

S'il y a eu faute commise à bord des deux navires, il est fait masse des dommages, lesquels sont supportés par les deux navires, dans la proportion de la gravité qu'ont eue les fautes respectivement constatées comme causes de l'événement.

Adopté.

ARTICLE NOUVEAU.

Il y a présomption de faute, sauf la preuve contraire contre le navire en marche qui aborde un navire ancré ou amarré; contre le navire à vapeur qui aborde un navire à voiles, et contre le navire sortant de nuit d'un port qui aborde un navire entrant ou sur rade.

Adopté.

ARTICLE NOUVEAU.

Le recours est exercé contre le navire abordeur, en la personne de son capitaine ou de ses armateurs. Le capitaine n'encourt de responsabilité personnelle que s'il a commis personnellement une faute.

Adopté, en supprimant la dernière phrase.

des avaries sous la conduite du pêcheur non autorisé à exercer le pilotage; comme aussi, si le pilote étant à bord, dans l'exercice de ses fonctions, le capitaine commandait une manœuvre désapprouvée par le pilote; d'où M. Blanchy tire cette conséquence que la présence d'un pilote à bord devrait, en cas d'abordage, mettre obstacle à l'exercice du recours.

M. Cortès adopterait volontiers l'opinion de M. Blanchy.

M. Chalès persiste dans les opinions qu'il a déjà émises, et ajoute que la responsabilité des fautes commises à bord d'un navire, qu'il soit sous le commandement du capitaine, du second, du pilote ou de tout autre préposé doit être la même. M. Chalès cite l'événement que vient d'éprouver le navire *Saint-Louis,* mouillé au Verdon, abordé et coulé par un navire anglais; M. Chalès n'admet pas que la présence d'un pilote à bord de ce bateau à vapeur puisse, s'il est en faute, l'affranchir de l'obligation de réparer le dommage qu'il a causé.

La première rédaction est adoptée conformément à la proposition de M. Chalès.

Les articles 3 et 4 nouveaux sont lus et adoptés.

L'article 5 est lu.

M. Chalès regrette que le capitaine soit personnellement responsable de certains actes que la loi qualifie fautes, telles que celles énumérées dans l'article précédent; l'armateur a la faculté de s'en dégager par l'abandon; les effets de l'abandon devraient profiter au capitaine.

M. Chaumel fait remarquer que l'armateur n'est admis à se dégager

ARTICLE NOUVEAU.

La demande est portée soit devant le tribunal du port d'attache du navire abordeur, soit devant celui de tout port de destination où se trouvera le navire abordeur. Elle peut aussi être portée devant le tribunal du port où le navire abordeur sera entré en relâche, mais seulement si le navire n'est pas chargé.

ARTICLE NOUVEAU.

La demande est portée soit devant le tribunal du port d'attache du navire abordeur, soit devant celui de tout autre port où le navire pourrait être arrêté.

ARTICLE NOUVEAU.

Le navire abordeur demeurera saisi pendant la durée de la contestation, à moins qu'il ne soit fourni caution suffisante agréée par le tribunal. Le tribunal pourra, avant de faire droit sur le fond du litige, déterminer le chiffre de la caution, et la fixer à une somme inférieure à celle de la demande, si la demande lui paraît exagérée.

Adopté.

ARTICLE NOUVEAU.

Le navire étranger peut être saisi dans tout port de l'Empire, même de relâche, et la demande peut être portée devant le tribunal de ce port, à moins qu'il ne soit justifié que, d'après un traité international, un navire français ne pourrait être saisi et poursuivi en les mêmes circonstances dans les ports de la nation à laquelle appartient le navire étranger.

Supprimé.

par l'abandon du navire et du fret que des fautes de son capitaine,
mais jamais de ses propres fautes, et que la loi rend le capitaine responsable de ses fautes, même légères, dans l'exercice de ses fonctions;
que les fautes et les erreurs ou l'ignorance ne doivent pas être con-
fondues; la loi rend le capitaine responsable de ses fautes, mais non
de ses erreurs ou de son ignorance.

M. BLANCHY observe que ce second paragraphe fait un double
emploi avec l'article qui consacre la responsabilité générale du capitaine; que si ce paragraphe était maintenu, on pourrait croire qu'il
crée, en dehors du principe général, une responsabilité particulière
au cas d'abordage. M. Blanchy propose la suppression du second
paragraphe.

L'article, ainsi modifié, est adopté.

Il est passé à l'article 6.

M. CHAUMEL pense que la demande devrait pouvoir être valablement
portée devant le Tribunal de tous les ports où on pourra rencontrer
le navire, qu'il soit ou non chargé. Laisser le navire abordeur fuir ou
continuer son voyage sous prétexte qu'il est chargé, serait exposer le
navire abordé à ne le plus rencontrer, et, par conséquent, à ne pouvoir exercer son recours contre lui.

La commission partage l'avis émis par M. Chaumel. L'article, ainsi
modifié, est adopté.

L'article 7 est lu et adopté.

L'article 8 est lu et supprimé comme faisant double emploi avec
l'article 6.

ARTICLE NOUVEAU.

Si le navire abordeur, soit français, soit étranger, est un bâtiment de guerre, une embarcation de la douane ou autre appartenant à l'État, la demande sera formée devant le tribunal civil du port d'attache du navire abordé.

Adopté.

ARTICLE NOUVEAU.

La demande formée par le capitaine ou l'armateur du navire abordé conserve tous les droits des hommes de l'équipage, des tiers chargeurs, des passagers et de tous autres intéressés. A défaut de l'armateur et du capitaine, la demande peut être formée par tous intéressés.

Adopté.

ARTICLE NOUVEAU.

Si l'abordage a entraîné mort d'hommes ou blessures, les indemnités allouées de ce chef sont prélevées de préférence sur les produits du recours. Le surplus est réparti proportionnellement entre tous les intérêts qui ont souffert de l'abordage. Toutefois, si l'indemnité allouée a été réduite à raison de fautes commises à bord du navire abordé, elle sera attribuée aux chargeurs et autres intéressés étrangers à l'armement, par préférence et jusqu'à concurrence des dommages éprouvés.

Adopté.

ARTICLE NOUVEAU.

Sauf le cas de mort d'hommes ou blessures, les demandes en réparation pour faits d'abordage ne peuvent comprendre contre le navire abordeur que l'indemnité des pertes matérielles constatées, et des dépenses extraordinaires justifiées.

Adopté.

ARTICLE NOUVEAU.

Conformément à l'article 216 du présent Code, les propriétaires des navires peuvent s'affranchir de la responsabilité des faits d'abordage par l'abandon du navire et du fret.

Adopté.

Les articles 9 à 13 sont lus et adoptés.

| |

TITRE XIII.

FINS DE NON-RECEVOIR ET PRESCRIPTIONS.

§ 1er. — **Fins de non-recevoir.**

ART. 435.

Sont non recevables — toutes actions contre le capitaine et les assureurs, pour dommage arrivé à la marchandise, si elle a été reçue sans protestation ; — toutes actions contre l'affréteur, pour avaries, si le capitaine a livré les marchandises et reçu son fret sans avoir protesté, — toutes actions en indemnité, pour dommages causés par l'abordage dans un lieu où le capitaine a pu agir, s'il n'a point fait de réclamation.

ART. 436.

Ces protestations et réclamations sont nulles si elles ne sont faites et signifiées dans les vingt-quatre heures, et si, dans le mois de leur date, elles ne sont suivies d'une demande en justice.

ART. 435 et 436.

Sont non recevables : toutes actions pour dommages éprouvés par la marchandise, si elle a été reçue et le fret payé sans protestation ; toutes actions du capitaine contre les affréteurs ou les réclamateurs de marchandises, pour avaries, si le capitaine a livré la marchandise et a reçu son fret sans avoir protesté. Les protestations sont nulles si elles ne sont faites et signifiées dans les quarante-huit heures, jours fériés non compris, et si, dans le mois de leur date, elles ne sont suivies d'une demande en justice.

Article 435 du Code maintenu, en supprimant : *et reçu son fret.*

Article 436 du Code maintenu, en remplaçant : dans les vingt-quatre heures par *quarante-huit heures, jours fériés non compris.*

TITRE XIII.

Les articles 435 et 436 du projet sont lus.

Les articles 435 et 436 du Code fixent les délais de protestation tant
à l'égard du capitaine que de l'assureur; le nouvel article du projet
ne fait pas mention des assureurs, ce qui pourrait laisser supposer
que les dispositions de cet article ne leur sont pas applicables.

M. Buhan trouve trop court le délai de vingt-quatre heures, dans
lequel doivent être faites les protestations et les demandes; il propose
de porter ce délai à quarante-huit heures, jours fériés non compris.

M. Blanchy reconnaît que la rapidité des opérations maritimes
oblige à ce que les protestations et actions entre chargeurs et capitaine, à raison du chargement, soient faites dans un délai très-court;
mais cette célérité ne lui paraît pas commandée à l'égard des assureurs; il lui paraît dangereux que le même délai et le même fait,
c'est-à-dire la réception matérielle de la marchandise, qui crée la fin
de non-recevoir en faveur du capitaine, l'établisse en même temps au
profit de l'assureur.

La jurisprudence a établi que lorsque la marchandise a été déposée
en douane et que la vérification n'en a pas été faite, le réceptionnaire
qui découvre des avaries et les fait constater par les experts conserve
son recours contre les assureurs, bien qu'à ce moment la fin de non-
recevoir fût née à l'encontre du capitaine, à moins qu'il soit reconnu
que l'avarie est imputable au capitaine et que le réceptionnaire ait né-
gligé de conserver son recours contre lui.

M. Chalès pense que l'assureur ne peut être tenu que des avaries
légalement constatées à la sortie du navire, avant la prise de posses-
sion de la marchandise par le destinataire. Si le délai de la constatation des avaries n'était pas fatalement limité, l'assureur se trouverait
indéfiniment engagé et exposé à des réclamations pour des avaries
qui auraient pu se produire après le débarquement, au cas où la mar-

ARTICLE NOUVEAU.

Sont non recevables toutes actions à fin de contribution de la part des réclamateurs de marchandises livrées, si la demande n'est pas faite dans les trois mois de l'arrivée du navire au port de destination.

Adopté.

ARTICLE NOUVEAU.

Sont non recevables toutes actions en indemnité pour faits d'abordage, si la demande n'est pas faite en justice dans les trois mois de la connaissance acquise de l'événement par les intéressés.

Adopté.

chandise aurait été déposée dans des magasins humides ou privés d'air.

M. Chaumel craint qu'on cherche à étendre la jurisprudence citée par M. Blanchy; que ce qui a été décidé à l'égard des marchandises en douanes, où elles ne peuvent rester longtemps, soit réclamé en faveur des marchandises déposées en entrepôt de douane, où leur séjour n'a, pour ainsi dire, pas de limites. Il paraît donc à M. Chaumel indispensable de soumettre les actions des assurés contre les assureurs aux fins de non-recevoir et prescriptions de l'article 435, modifié suivant la proposition de M. Buhan.

M. Cortès observe que, d'après l'article 435, les actions sont toujours recevables, alors même que la marchandise aurait été reçue sans protestation, tant que le fret n'est pas payé, — que cette double condition ne devrait pas être maintenue; l'étendue d'un délai déterminé par la loi ne doit pas dépendre de la complaisance ou de la négligence mise par le capitaine à encaisser son fret.

M. Cortès ajoute que si les réclamations contre le capitaine sont non recevables, alors que la marchandise a été reçue sans protestation, bien que le fret ne soit pas payé, il est juste que le capitaine n'ait pas plus de droit que le réceptionnaire de la marchandise; la livraison par lui faite de la marchandise sans protestation ou réserve doit le rendre aussi non recevable dans son action pour avaries contre le réceptionnaire.

La commission maintient les deux articles 435 et 436 du Code, modifiés selon les observations de MM. Cortès et Buhan.

Les deux articles nouveaux sont lus et adoptés.

TEXTE ACTUEL DU CODE.   MODIFICATIONS PROPOSÉES PAR LE PROJET.   PROPOSITIONS DE LA COMMISSION DE LA CHAMBRE DE COMMERCE.

§ 2. — Prescriptions.

ART. 430.

Le capitaine ne peut acquérir la propriété du navire par voie de prescription.

ART. 430.

Toutes actions dérivant d'un contrat de prêt à la grosse, d'un contrat d'hypothèque maritime, d'une charte-partie ou d'une police d'assurance, sont prescrites après trois ans, à compter.

Du jour où la créance est devenue exigible, s'il s'agit d'un contrat de prêt à la grosse ou d'hypothèque maritime;

Du jour où le voyage s'est terminé, s'il s'agit d'une charte-partie ou d'une police d'assurance.

Si le navire a disparu sans qu'on ait de ses nouvelles, le délai de trois ans court du jour des dernières nouvelles.

Adopté.

ART. 433.

Sont prescrites toutes actions en paiement pour fret de navire, gages et loyers des officiers, matelots et autres gens de l'équipage, un an après le voyage fini.

ART. 433.

Sont prescrites toutes actions en paiement pour fret de navire, gages et loyers des gens de l'équipage, un an après le voyage terminé; pour nourriture fournie aux gens de l'équipage par l'ordre du capitaine, un an après livraison; pour fourniture de choses nécessaires aux constructions, équipement et avitaillement du navire, un an après ces fournitures faites; pour salaire d'ouvriers et pour ouvrages faits, un an après la réception des ouvrages; toute demande en délivrance de marchandises, un an après l'arrivée du navire.

Adopté.

Les articles 430 à 433 sont lus et adoptés.

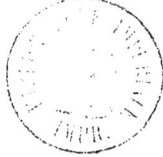

Bordeaux, A. Lefraise, imprimeur de la Chambre de commerce, rue Ste-Catherine, 56 (Bazar-Bordelais).

www.ingramcontent.com/pod-product-compliance
Lightning Source LLC
Chambersburg PA
CBHW072303210326
41519CB00057B/2565